U0575334

奈特不确定条件下的
投资者行为与资产定价研究

易志洪　姚丽娟　著

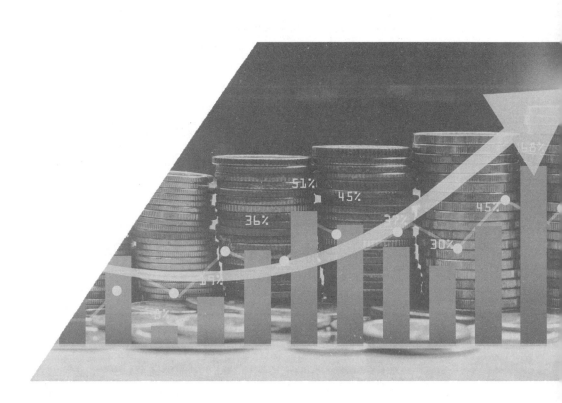

江西高校出版社
JIANGXI UNIVERSITIES AND COLLEGES PRESS

图书在版编目(CIP)数据

奈特不确定条件下的投资者行为与资产定价研究/易志洪,姚丽娟著.--南昌:江西高校出版社,2023.2
(2025.1重印)

ISBN 978 - 7 - 5762 - 3567 - 8

Ⅰ.①奈… Ⅱ.①易… ②姚… Ⅲ.①投资行为—研究—中国 ②股票价格—研究—中国 Ⅳ.①F832.5

中国国家版本馆 CIP 数据核字(2023)第 018728 号

出 版 发 行	江西高校出版社
社 址	江西省南昌市洪都北大道 96 号
总编室电话	(0791)88504319
销 售 电 话	(0791)88522516
网 址	www.juacp.com
印 刷	固安兰星球彩色印刷有限公司
经 销	全国新华书店
开 本	700mm×1000mm 1/16
印 张	9.5
字 数	160 千字
版 次	2023 年 2 月第 1 版
	2025 年 1 月第 2 次印刷
书 号	ISBN 978 - 7 - 5762 - 3567 - 8
定 价	58.00 元

赣版权登字 -07 -2023 -173

前　言

进入后金融危机时代已有十余年,全球经济复苏的基础仍不稳固。世界经济依然面临诸多挑战,不仅要防止"黑天鹅"事件的冲击,还需要密切关注"灰犀牛"事件的累积效应。如何应对不确定性成为世界各国面临的共同难题。作为世界第二大经济体,我国经济具有新兴经济体和转轨经济的双重特征,这使得我国面临着更大的挑战。作为不确定性的主要方面,奈特不确定性对金融市场和投资者的决策行为有着重要的影响。深入揭示我国金融市场的奈特不确定性及其影响机制,无论对于投资者的微观金融决策还是政府的宏观审慎监管都具有十分重要的意义。

基于此,本研究以我国市场的奈特不确定性作为研究对象,借助合理的测度方式,全面分析其具体特征;利用理论分析和实证模型全面揭示奈特不确定性对我国市场及投资者行为的影响机制。主要的研究工作如下:

首先,分析了我国股票市场的奈特不确定性特征。研究发现,我国市场的奈特不确定性显著高于美国市场;在月份效应的分析中,一月份的奈特不确定性最高,二月份次之,三月份有明显的下降趋势,这表明我国投资者对公司业绩、春节效应、政策效应的担忧;日历效应的分析表明,奈特不确定性在周一最大,在接下来的工作日逐渐平稳下降,体现了周末市场消息在工作日逐渐消化的过程。另外,交易日早盘的奈特不确定性高于收盘期间的奈特不确定性,这说明隔夜信息的不确定性对早盘交易有着重要的影响。

其次,讨论了我国股票市场中奈特不确定性对市场溢价的影响,并从中发掘我国投资者对奈特不确定性的态度模式。结果表明:我国市场溢价中奈特不确定性溢价是显著的,而风险溢价并不显著,这一结果为审视我国市场不确定性开创了新视野;我国投资者的奈特不确定性态度与盈利收益概率呈现出倒 S 形模式特征,且随盈利收益概率上升,由奈特不确定性喜好逐渐向奈特不确定性厌恶过渡。投资者的奈特不确定性厌恶程度和奈特不确定性喜好程度都明显高于美国市场的投资者,表现出我国投资者不成熟的一面——对奈特不确定性态度不够平稳。从奈特不确定性态度的角度来看,它没有显著的周一和周二效应,但有显著的周三、周四和周五效应。隔夜效应会显著地影响投资者对奈特不确定性的态度,但对尾盘的奈特不确定性没有显著影响。此外,我国股票市场中的投资者并没有显著的多重概率期望效用偏好和主观效用偏好。

再次,从 Fama-Macbeth 分析的角度阐明了奈特不确定性作为定价因子的必要性;在此基础上,结合秩加权的思想,构造了基于奈特不确定性的定价因子,并通过该因子拓展了 Fama-French 三因子模型,形成了基于奈特不确定性因子的四因子模型。实证分析证实了该模型在我国市场的有效性,且该定价因子对资产收益有着显著的解释力。

最后,研究了奈特不确定性对股票收益的横截面效应和时序效应。结果表明,在我国市场中奈特不确定性对股票收益横截面有显著的负面效应。在时序效应方面,建立了一个基于预期奈特不确定性和非预期奈特不确定性的资产定价模型。实证分析表明,非预期奈特不确定性对股票收益有显著的负面影响，而预期奈特不确定性对股票收益的影响不显著。

本研究证实了风险和奈特不确定性在我国市场的不同效应，揭示了我国投资者对奈特不确定性的行为模式，构建了基于奈特不确定性的资产定价模型，并通过实证研究证实了不确定性定价因子对资产收益的解释力和影响机制。这些研究工作对于我国金融市场的机制设计、金融监管和金融稳定有重要的指导价值。

目　　录

第1章 绪 论

1.1 研究背景与研究意义

2008 年金融危机爆发以来,全球经济增速放缓,各个经济体的不确定性程度上升,特别是近期美国政府采取贸易保护主义而导致的贸易争端给全球经济复苏增加了新的挑战。此外,以信息化、数字化、智能化为代表的新经济也给传统发展模式带来了巨大的冲击和挑战。全球不确定性程度的上升不仅对宏观经济决策,也对金融市场投资者的微观决策带来了较大的冲击和困扰,金融市场的稳定与发展因此面临着压力和挑战。

对于新兴经济体而言,经济全球一体化是一把双刃剑:一方面给这些国家带来了先进的技术经验和发展资源;另一方面造成金融风险的积累、放大和传染。作为全球第一大新兴经济体,我国改革开放和经济体制改革正在逐步推进和深入,经济和社会发展近年来发生了巨大的变化,资本市场迅速崛起。截至2018 年底,我国沪深两市的总市值达 48 万多亿元,总市值居全球第二,上市公司达 3567 家。但金融市场稳定发展的前景不容乐观,大有内忧外患之势。就自身而言,市场经济体制弊端日渐突显,新技术的进步使得我国面临经济转型的巨大压力,供给侧改革也给我国经济发展带来阵痛;就外部而言,随着我国改革开放的发展,我国与国际市场日趋紧密,我国市场与外围市场间的相关性呈现出逐渐上升的趋势(李晓广、张岩贵,2008;骆振心,2008)。研究表明,国际主要市场对我国具有传染效应(李红权等,2011;李红权、何敏园,2017;何敏园,2018),使得我国市场不能再"独善其身"。这种外围市场的金融传染效应容易使我国市场风险累积和放大,对我国市场造成冲击,给我国市场带来不确定性,进而使市场动荡。随着改革开放进入深水区,我国市场将受到内外夹击的更大压力,再加上自身的缺陷和风险抵御能力的先天不足等因素,我国市场运行存在极大的不确定性。这种趋势使得我国维护金融稳定和防范系统性风险的形势更加严峻。而作为不确定性的重要方面,奈特不确定性与市场微观结构密切相关(Easley & O'Hara,2010),是许多金融市场行为异象的源头,如有限参与

（Easley & O'Hara,2009）、市场中止（Dow & Werlang,1992）等。因此,准确地掌握奈特不确定性的形成机制,科学地厘定奈特不确定性的影响,精准地采取相应的应对措施,对于保障我国金融市场稳定、维护全球市场的健康发展有着重要的意义。

在政策需求方面,防范资本市场的系统性风险和维护金融市场的稳定发展一直是我国政府的工作任务,也是我国经济改革和发展的战略目标。在 2018 年 12 月 19 日至 21 日召开的经济工作会议上,中央部署了 2019 年的重点工作任务,其中第五条特别提到,要通过深化改革,打造一个规范、透明、开放、有活力、有韧性的资本市场,提高上市公司质量,完善交易制度,引导更多中长期资金进入。虽然这几年相关部门的改革举措带来了立竿见影的效果,但市场依然面临着传统机制的缺陷和新的市场形势的挑战。在内忧外患的大背景下,市场不确定性的形势十分严峻,这势必形成系统性风险。作为不确定性的主要方面,奈特不确定性与市场微观结构紧密相关,是股票市场设计和金融风险防范的着力点,是优化市场微观结构的新视角（O'Hara,2001,2007）。从奈特不确定性的角度优化市场设计和加强法规监管,能够提高市场改革措施的有效性,有助于提升投资者对市场的信心,从而促进市场健康且持续地发展。因此,科学合理地评估奈特不确定性对我国股票市场和投资者行为的影响,有利于及时掌握我国市场运行状况,有助于发掘金融监管和风险防范的新思路,有助于创新金融监管技术和风险管理措施,为我国市场机制设计、监管政策制定提供精准的参考。此外,掌握奈特不确定性对我国市场和资产定价的影响对于我国稳步推进改革开放、有效维护金融市场稳定、维持全球金融秩序具有针对性的指导意义。

1.2　国内外研究评述

这一部分从奈特不确定性的含义与测度、投资者行为和资产定价等三方面进行综述,并结合研究现状阐述本研究的动机。

1.2.1　奈特不确定性的含义与测度

奈特（1921）将不确定性区分为风险与真实的不确定性（后称为奈特不确定性,有些研究中也称为模糊性、暧昧性）。其中:风险指的是事件发生的结果可由确定的概率分布进行表述;而奈特不确定性指的是其概率分布未知的情形。他认为经济收益是承担奈特不确定性的回报。按照奈特的观点,风险指的是在一定条件下结果发生的随机性,能够准确地测度概率;而奈特不确定性指的是人们无法获得足够信息的情形,此时不能像在风险情形下那样确定概率。显然,承担概率已知的风险回报与承担概率未知的不确定性回报存在本质的不同。概率已知的风险容易测度,而概率未知的奈特不确定性难以测度。风险情形下相关事件的主观或客观概率是唯一确定的;而奈特不确定性意味着事件没有明确的概率,但不能认为是"完全未知(complete ignorance)",它介于"完全未知"和风险这两个极端之间。在一定程度上,奈特不确定性的定义类似于风险分析(Cox,2012)中的深度不确定性(deep uncertainty)。奈特不确定性(Ellsberg,1961)是取决于信息的数量、类型、可靠性和一致性的品质(quality),能够代表人们对未来事件相对可能性估计的自信(confidence)程度。Ellsberg 实验表明,决策者在缺乏足够信息的情况下,会考虑一系列可能的概率分布,而非只考虑单个概率。这些概率的分散程度体现了决策者估算主观概率的自信程度。

事实上,在信息不充分的情形下,决策者会考虑一系列的可能概率分布(而非单个概率分布),而这个概率分布集合中的概率的分散性就是人们评估主观概率时自信程度的一种表征。因此,Heath 和 Tversky(1991)提出了奈特不确定性厌恶的能力假设(competence hypothesis):厌恶奈特不确定性与人们评估相关概率的能力有关。实验(Fox & Tversky,1995)表明,在参与赌博评估时,若强调无能(incompetence)的主观感受,如告诉受试者还有比他们更在行的其他赌博者或还有更专业的人在参与赌博评估,奈特不确定性厌恶的程度会加强。

著名的 Ellsberg 实验(Ellsberg,1961)结果揭示了受试者具有奈特不确定性厌恶或模糊厌恶行为。即相对于奈特不确定性的情境,人们更偏好风险情境。同时,该实验结果不能推断出有意义的概率,从而可以断定奈特不确定性并不属于概率范畴。这表明风险和奈特不确定性是不确定性的不同方面。近年来,奈特不确定性也是神经解剖学和神经经济学研究的一大热点。由于大脑特定区域的活动可以追踪特定的经济偏好,很多研究(Smith et al,2002;Rustichini et al,2005;Huettel et al,2006;Glimcher & Rustichini,2004;Krain et al,2006;Brand et al,2007;Hsu et al,2005)利用神经功能和推断心理过程的差异发现,风险下的决策和奈特不确定性下的决策在大脑反应机理上存在不同。因此,从行为实验和神经经济学的角度都可以断定,奈特的不确定性分类是合理的。

假设对于每一个行动 f,每一个状态 s_i 下结果的效用为 $U[f(s_i)]$。当状态概率 $P(s_i)$ 无法确定时,即存在奈特不确定性。若此时每一个可能的概率分布可以赋予一个概率(二阶概率),如图 1-1(a)所示,则此时的奈特不确定性可以表示成二阶概率的形式;否则,奈特不确定性只能通过一族可能的概率分布表示,如图 1-1(b)所示。

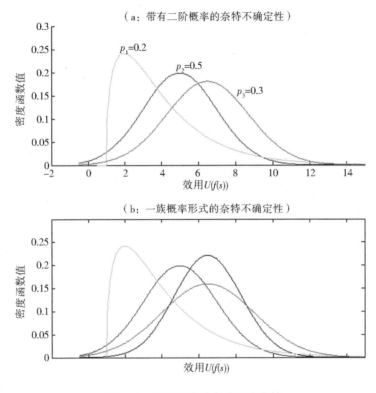

图 1-1　不同形式的奈特不确定性

其中,带有二阶概率的奈特不确定性可以约简为风险。这种二阶概率形式的不足之处在于,实际应用中的奈特不确定性无法用二阶概率来表示,且约简原理在实验中是不成立的。另外,从实践的角度而言,人们无法得到一个准确的概率分布时,不可能确定一个有意义的二阶概率。所以,从实用性及心理本质而言,正如 Ellsberg(1961)所说,奈特不确定性是一种取决于信息量大小、信息类型、信息可靠性和信息一致性的表征。Frisch 和 Baron(1988)的定义更具一般性:奈特不确定性就是概率的不确定性,由相关且可知的信息缺失所致。

所以关于奈特不确定性厌恶的另一种解释就是,当缺失他人可能拥有的重要信息时,人们会表现出沮丧和恐惧,会规避赌博,而做出掩饰不良心理的其他选择。其他的奈特不确定性的定义和类型都与信息缺失有关。如:信息源的可靠性(Einhorn & Hogarth,1985)会导致奈特不确定性,在法务实践中,陪审团要在权衡证人、律师和法官的意见之后做出裁决。专家意见的不一致性也会产生奈特不确定性,因为信息的缺失,人们无法确定哪个专家的意见才是可信的。这里只提到风险和奈特确定性,但是,如果所考虑的概率集合中不包含真实的概率模型,还会出现第三种不确定性——模型误设(model misspecification)(Hansen,2014;Hansen & Marinacci,2016)。本书主要考虑基于概率不确定性的奈特不确定性,如图 1 - 1(b)所示。

　　奈特不确定性是金融理论研究中的一大热点。评估和判断奈特不确定性对证券市场、资产价格和投资者行为的实际影响离不开相关的实证研究。在这些研究中,奈特不确定性的测度是关键。由于风险是有关结果(outcomes)的不确定性,因此可以依据已有结果的情况对风险进行测度,相应的测度方法也特别丰富。然而,与风险不一样的是,人们无法找到历史结果的相关概率信息。由于奈特不确定性的本质在于概率不确定性,因此现实中难以直接根据以往的概率信息来测度这种概率不确定性,这种不可直接量化和测度的特征给相关的实证研究带来挑战。因此在很多的实证研究中,不得不结合实际场景,采用相应的代理变量。关于奈特不确定性测度的方式层出不穷,表 1 - 1 列出了目前已有的一些测度方法。

表 1 - 1　相关研究中的数据源及奈特不确定性测度方式

相关研究	数据源	测度方式
Diether 等(2002)	I/B/E/S 的每股收益预测	标准差
Park(2005)	I/B/E/S 标普 500 指数的年度每股收益预测	每股收益预测的标准差与实际每股收益之比
Yu(2011)	I/B/E/S 每股收益长期增长率预测数据	个股预测标准差的加权平均
Anderson 等(2009)	SPF 的公司总利润预测数据	加权方差
Carlin 等(2014)	PSA 提前还款速度预测	标准差
Andreou 等(2018)	个股期权交易数据	不同价值状态下的交易量

续表 1 - 1

相关研究	数据源	测度方式
Goetzmann & Massa(2005)	(市值前100的股票的)个人账户日交易量数据	不同类别投资者总交易量间绝对偏差的总和
Garfinkel & Sokobin(2006)	CRSP 交易数据	盈利公告时的非预期交易量
Chen 等(2002)	共同基金的季度持有数据	个股持有的广度(多头投资者数量)
Jiang & Sun(2014)	主动管理基金的个股持有量	标准差
Williams(2015)	期权数据	VIX
Brenner & Izhakian(2018)	股票高频收益率数据	概率的方差

在这些方法中,比较典型的是利用意见分散性(dispersion in opinion,如预测的不一致性)来表示奈特不确定性的大小。该方法源自 Miller(1977)对奈特不确定性的分析,是历年来实证研究的主要方法。Ellsberg(1961)也指出,奈特不确定性是一个主观变量,主要发生在信息极少、明显不可靠、十分矛盾的情形,不同人所表达的期望普遍不一致的情形,一些呈现出高度不确定性的情形,人们应该可以对其进行识别。要测度奈特不确定性,要么直接利用信息的充裕程度,但信息本身的不确定性使得它无法进行量化;要么将信息使用者之间的不一致性转化为一个测度指标,因为不确定性必然导致人们解读信息存在差异,且不确定性越大,这种差异也越大。顺着这一逻辑,利用专业(分析师)预测的不一致性测度奈特不确定性是一个不错的选择。另外,理性预期模型的同质性假设要求所有投资者对预期收益和收益的概率分布有相同的估计。由于市场间信息流的渐进性特征、投资者注意力的差异、投资者信息解读方式等因素(Hong & Stein,2007)势必带来不确定性,因此同质性假设是难以置信的。显然,实际情况下的不确定性意味着人们的预测和估计各不相同。不确定性越大,势必导致意见分歧越大,人们的预测也更为分散。大部分意见分散性的实证研究采用专业预测数据,如机构经纪人估计系统(I/B/E/S)的预测数据(Diether et al,2002;Park,2005;Yu,2011;Carlin et al,2014)、费城联邦储备银行(FRB-Philadelphia)的专业宏观经济变量预测调查数据(survey of professional forecasters,简称 SPF)(Anderson et al,2009)。这也是一种主流的研究方法。不

得不提的是,由于分析师所在机构的激励机制,一般分析师关注的是规模较大的公司且倾向于给出乐观的预测,因此,有关股票的分析师预测数据存在一定的偏差(Diether et al,2002),另外测度的时间周期比较长。由于分析师可能会因利益瓜葛偏向于给出不切实际的预测,因此也有研究(Bagnoli et al,1999;Russell et al,2016)表明,使用非官方且大众化的预测或众包(crowdsourced)预测更为准确,但尚无与之有关的资产定价研究。

随着信息技术的发展,人们获取数据的能力也得到加强,市场交易数据成为测度奈特不确定性的良好素材(Chen et al,2002;Goetzmann & Massa,2005;Jiang & Sun,2014;Garfinkel & Sokobin,2006;Andreou et al,2018)。根据有关奈特不确定性对市场投资行为的假设(Miller,1977;Goetzmann & Massa,2005),交易量与奈特不确定性是正相关的。因此,有研究(Garfinkel & Sokobin,2006)借助交易量直接测度奈特不确定性。也有研究间接利用交易量来测度奈特不确定性,如 Garfinkel(2009)利用限价订单价格与最近成交价格的相对距离的标准差,验证了非预期交易量可能是奈特不确定性测度的首选;Andreou 等人(2018)则采用个股期权在不同价值状态下交易量的分散性进行测度。特别是市场交易的高频数据为奈特不确定性的测度提供了条件,如 Brenner 和 Izhakian(2018)以及 Andreou 等人(2018)所采用的方法。与此同时,还有一些实证研究将芝加哥期权交易所波动率指数(VIX)当作奈特不确定性测度指标,其代表的是 Black-Scholes 期权定价公式中的隐含波动率,因此一般被视为风险测度指标。但 Drechsler(2013)发现 VIX 中还包含奈特不确定性相关的成分,因为在考虑时变奈特不确定性的一般均衡框架下,预测收益的方差溢价和奈特不确定性程度有很强的相关性。于是有研究直接将波动率指数 VIX 当作奈特不确定性的代理变量,如 Williams(2015)就用这种方式研究了投资者对业绩公告信息的非对称反应。另外,也有研究(Dimmock et al,2016;Wakker et al,2016)通过行为实验,根据获取的数据对奈特不确定性态度进行测度,但是可操作性不强。

作为不确定性的主要方面,奈特不确定性的形成机理非常复杂,这给实证研究中的奈特不确定性测度带来挑战。尽管实证测度方法有很多,但很多都脱离了奈特不确定性的本质。在上述测度中,大部分未考虑到奈特不确定性的概率不确定性属性,很多测度数据依赖于股票收益或交易结果,即将风险所属的结果不确定性与概率不确定性混淆;同时也将奈特不确定性与奈特不确定性厌恶(态度)混为一谈。奈特不确定性测度的局限性直接导致相关模型的实证检验缺乏有效性和可信度。另外,大部分测度方法适用范围狭窄,不具备普遍性。很多方法只是针对一些特殊的资产。如我国学者丛明舒(2017)在研究奈特不确定性和奈特不确定性厌恶的情形下研究期权定价问题时,提出将隐含波动率与已实现波动率的比值作为市场奈特不确定性的测度指标。这种方法简单直观,且交叉验证结果表明该方法具有合理性,但仅仅局限于期权产品。这方面的不足阻碍了相关实证研究的进展。

值得一提的是,Brenner 和 Izhakian(2018)的测度方式在这方面有所突破。他们基于不确定概率期望效用理论(Izhakian,2017),单纯地从概率不确定性的角度,对奈特不确定性进行测度。这种奈特不确定性的测度方法一方面剔除了风险方面(即有关收益率大小的结果)的因素,另一方面也剔除了奈特不确定性态度的影响。相比于上述各种奈特不确定性实证测度,该方法是纯粹的概率不确定性的测度,且有合理的理论基础。该方法采用市场或个股收益率的高频数据,以概率不确定性的方式测度奈特不确定性,符合奈特不确定性最本质的定义;另外该测度只考虑概率方面的不确定性,与收益率(结果)的不确定性无关,真正做到将奈特不确定性与风险不确定性分离。Easley 和 O'Hara(2010)指出,奈特不确定性与市场微观结构存在密切关系,市场交易数据充分体现了所有相关信息,其中包含奈特不确定性相关的信息。因此,比较有效的方法利用了市场数据。该方法适用于所有资产类型,具有广泛的普遍性。此外,与一些利用文本分析测度特定不确定性的方法(如 Baker et al,2016)相比,这种方法不会受到不同国家或地区的语言文化差异的影响。综合可知,Brenner 和 Izhakian (2018)的测度方法是目前最为理想的一种测度奈特不确定性的方法。本书将利用该方法测度我国股票市场和个股的奈特不确定性,并在此基础上开展相应的研究。

1.2.2 奈特不确定性与投资者行为

Ellsberg 悖论(Ellsberg,1961)的重大意义在于其说明了奈特不确定性在实际场景(非实验情形,如股票市场)中的重要影响。经典模型都假设投资者是完全理性的,能够准确地掌握各种状态下的结果并形成无系统偏差的理性预期,在决策过程中实现(主观)期望效用的最大化。然而,越来越多的实证证据表明,传统的期望效用理论实际上并不一定成立,故在传统的理论框架下并不能很好地描述投资者行为。比较典型的是,市场中存在一些异象。很多研究都关注如下一些市场异象:

i)组合惰性(portfolio inertia)和有限参与(limited participation)。对于资产价格微小的变动,投资者不会立即调整其投资组合,从而出现有些股票没有交易和报价的情形。这意味着有些投资者不会参与市场。2016年美国消费金融调查(SCF)数据表明,即使在资本市场发达的美国,直接参与股票和基金交易的家庭占比也只有23.9%;中国家庭金融调查(China household finance survey,简称CHFS)数据显示,2015年第二季度我国约有3700万户家庭参与了股市,占所有家庭的8.8%,其中93.8%为城镇家庭。

ii)投资资产分散性不够(underdiversification)。投资者在投资决策中偏好自己国家发行的股票(home bias,本土偏见)或持有自己受雇公司的股票,对国外股票的投资比例过少。

iii)股票溢价之谜(equity premium puzzle)(Mehra & Prescott,1985)。利用1871年到1993年的美国股票收益数据,Campbell和Cochrane发现标普500指数的对数收益高出短期票据3.9%。股票溢价过高,意味着在经典期望效用模型下有特别高的绝对风险厌恶系数(CRRA)。一般认为CRRA的合理区间为1到5,但在股票溢价过高的情形下,CRRA远远超出这个区间。

种种迹象表明,在金融投资决策中,奈特不确定性与风险的影响应该是旗鼓相当的。鉴于诸多异象与期望效用理论不符,很多研究另辟蹊径,尝试对这些现象进行解读。其中一个重要的方向就是,在决策模型中放宽传统期望效用理论的条件,如考虑奈特不确定性及其态度。许多与主观期望效用模型或理性预期相矛盾的实证证据都能从奈特不确定性的角度进行剖析。特别是美国次贷危机导致全球性金融危机后,有研究(Boyarchenko,2012)发现,危机中许多关键事件都与奈特不确定性(以不明确信息的形式)、投资者对奈特不确定性的厌恶有关。近年来的一系列研究结果表明,奈特不确定性对投资者行为和金融市场各个环节都有重要的影响。在一定的框架下,奈特不确定性能赋予这些金融异象新的启示和解读。

Dow 和 Werlang(1992)开创性地在组合选择中考察了奈特不确定性的影响。他们在模型中,假设投资者是风险中性的,且其偏好用非可加概率表示。假设资产的价格在未来可能分别从非可加概率 π 和 π' 上涨至 H 和下跌至 L。$\pi + \pi' < 1$ 表示投资者厌恶奈特不确定性。假设以价格 p 购买或卖空一个单位资产,则买入该资产的预期收益为 $L + \pi(H-L) - p$;卖空该资产的预期收益为 $p - H + \pi'(H-L)$。由于 $\pi + \pi' < 1$,则 $L + \pi(H-L) < H - \pi'(H-L)$,从而形成了一个价格区间:$[L + \pi(H-L), H - \pi'(H-L)]$,使得投资者在该价格区间内买入或卖空该资产的预期收益都小于0,故其选择不持有该资产。此时资产的需求为零,市场交易停止。可见,奈特不确定性厌恶会导致投资者产生组合惰性而不参与市场,这可以解释市场中交易中止的现象。Illeditsch(2011)的研究表明,对冲奈特不确定性会导致投资者产生组合惰性。

受多重概率效用理论的影响,Easley 和 O'Hara(2009)在正态—常数绝对风险厌恶(具有负指数效应函数)的框架下考虑奈特不确定性,通过组合选择模型来论述股票市场中参与不足(under-participation)的问题。其中包含两类投资者:具有理性预期和传统期望效用偏好(能够准确估计概率分布参数)的精明(sophisticated)投资者和因奈特不确定性无法准确估计概率分布而只能考虑一族概率分布的不成熟(naive)投资者。奈特不确定性是由一族正态分布来表示的,具体由均值 μ 和方差 σ^2 这两个参数的取值集合 $\mu \in \{\mu_{min}, \cdots, \mu_{max}\}$,$\sigma^2 \in \{\sigma^2_{min}, \cdots, \sigma^2_{max}\}$ 给定。当价格在 $[\mu_{min}, \mu_{max}]$ 这个区间内时,由于奈特不确定性厌恶,不成熟投资者的风险资产需求为零。此时市场参与者只有精明投资者,形成的市场均衡为有限参与均衡。Guidolin 和 Rinaldi(2010)将这一结果进一步推广,考虑两种奈特不确定性:影响整个市场的系统性奈特不确定性和个股特有的特质奈特不确定性,发现当特质部分的最高与最低收益率之差大于系统部分的最高与最低收益率之差时,会导致市场中断和有限参与均衡。这说明有限参与均衡不能笼统地归因于奈特不确定性,而是特质奈特不确定性大于系统性奈特不确定性的结果。这与 Mukerji 和 Tallon(2001)利用 Choquet 期望效用偏好所得的结果是一致的。大部分研究考虑基于收益均值和方差的奈特不确定性,最近 Huang、Zhang、Zhu(2017)考察了基于资产间相关性的奈特不确定性,发现不成熟投资者因规避相关的奈特不确定性而导致有限参与。

现代金融学理论大都基于经典的均值方差模型。通常假设投资者具有传统的期望效用偏好,即偏好更高的期望组合收益和更低的组合收益方差。在资产配置理论中考虑奈特不确定性也是十分有意义的。Garlappi 等人(2007)借助概率分布的参数不确定性,在均值方差模型中嵌入奈特不确定性,发现所得组合权重的平衡性和稳健性优于传统的均值方差模型和贝叶斯模型(Jorion,1985;Pastor,2000);在一定的奈特不确定性厌恶下,样本外的夏普率(Sharpe ratio)比均值方差组合和贝叶斯组合的夏普率要大。这一结果阐明了在投资组合选择中考虑奈特不确定性的价值和意义。该模型也可以用于解释奈特不确定性对组合分散性的影响不大(Boyle et al,2012)。Epstein 和 Miao(2003)认为国外股票比国内股票的奈特不确定性更大,所以投资决策中会出现本土偏见问题。Maccheroni 等人(2013)在均值方差模型中考虑了基于奈特不确定性的光滑模型(Klibanoff et al,2005),从而能够解释本土偏见、股票溢价之谜等问题。针对股票溢价之谜,Chen 等人(2002)利用递归多重概率效用,考虑连续时间下的资产定价问题中奈特不确定性的影响,阐明了股票的超额收益可以表示为风险溢价与奈特不确定性溢价之和。股票溢价中有一部分由股票收益的奈特不确定性所致,即实际风险溢价只是整体股票溢价的一部分,从而可以解释股票溢价之谜。Izhakian 和 Benninga(2011)基于光滑效应模型将通常的风险溢价推广为由风险溢价与奈特不确定性溢价构成的不确定性溢价,其中的奈特不确定性溢价可以解释股票溢价的问题。类似地,Brenner 和 Izhakian(2018)在实证研究中也证实了,引入奈特不确定性及其态度有助于解释风险对美国市场中股票溢价的影响。

奈特不确定性对投资者行为的重要影响,往往与市场微观结构脱不了干系。因此,在市场设计中奈特不确定性是不容忽视的重要因素。Easley 和 O'Hara(2010)利用 max-min 期望效用构建了一个模型,阐明了非流动性由奈特不确定性所致。该模型中假设有两个市场:一个是交易所市场,能够提供各种必需的认证服务,能为投资者减少公司特定的奈特不确定性(满足设定的上市标准)和市场相关的奈特不确定性(统一的交易制度和清算结算协议);另一个是交易平台,为买卖双方提供交易场所,无减少奈特不确定性的相关措施。结果表明:诸如交易所这样的市场设计能够减少奈特不确定性,能够为投资者提供更大的流动性,给交易所带来更大的交易量,给发行股票的公司带来更低的资本成本,形成多赢的局面。Ozsoylev 和 Werner(2011)在微观结构模型中将奈特不确定性与流动性和交易量关联起来,强调奈特不确定性与私有信息(private information)间的关系,其中模型中的精明投资者能够获得消除奈特不确定性的私有信息,而其他投资者不能。该模型说明:存在奈特不确定性时,有限市场参与情形下的价格对信息和随机供给的敏感度要低于全面市场参与情形。若用价格敏感度的倒数来测度市场深度,则有限参与会导致更低的市场深度。

理论上而言,奈特不确定性对金融决策行为和资产定价有着重要的影响,是解释诸多金融异象的重要视角,也是资产定价中的关键因素。这些理论和假设为奈特不确定性的相关研究提供了基本的研究框架和方向,推动了基于奈特不确定性的金融实证研究。金融异象的背后蕴含着奈特不确定性的影响,这不仅在理论和模型上得到论述,在一些实证研究中也得到了证实。如 Antoniou 等人(2015)就发现当奈特不确定性增加时,投资股市的可能性将下降。这必然与投资者对奈特不确定性的态度相关。受 Ellsberg 实验的影响,很多研究通过行为实验进行奈特不确定性态度的测度(Chew et al,2008;Ahn et al,2014;Bossaerts,2010;Potamites & Zhang,2012)。Dimmock 等人(2016)通过这种方式发现,对于认为股票具有高度奈特不确定性的受试者(荷兰)来说,奈特不确定性厌恶与市场参与呈负相关。Dimmock 等人(2016)在美国样本中也发现类似的结论,同时还发现奈特不确定性厌恶与股票在金融资产中的占比和拥有外国股票的情况也呈负相关,而与受雇公司股票的持有情况呈正相关。这些研究通过一个指标直接或间接地测度奈特不确定性态度。然而,这种态度会因概率大小和实际事件呈现多样化(Abdellaoui et al,2011),再加上行为实验在实际中缺乏可操作性(张顺明,2016),故这些方法存在不足。值得一提的是,Brenner 和 Izhakian(2018)在研究奈特不确定性对市场的影响时,提供了一种通过拟合方法测度奈特不确定性态度的方法,该方法在理论基础和实际操作方面独具优势。

目前,关于我国市场中奈特不确定性态度模式的实证研究甚少。Potamites 和 Zhang(2012)通过股票投资者的准实验方法发现了我国投资者对奈特不确定性态度的多样性,包括喜好和厌恶,但同样存在操作性不强和选择偏误的问题。

丛明舒(2017)在研究期权定价问题时提出将隐含风险中性概率分布的均值与已实现概率分布的均值差异当作奈特不确定性厌恶程度,但其实证有效性有待检验。王春峰等人(2015)从奈特不确定性的定价角度得出结论:我国投资者有奈特不确定性喜好的态度,但具体模式并不明确。为了有效地探索我国投资者对奈特不确定性的态度模式,本书将采用 Brenner 和 Izhakian(2018)的方法,一方面讨论奈特不确定性对市场的影响,另一方面分析投资者对奈特不确定性的态度模式。

1.2.3 资产定价研究进展

在传统的资产定价理论模型中,主要考虑的是资产收益分布已知的不确定性,即风险。经典的资本资产定价模型(CAPM)正是在这一框架下得到的。该理论的提出为股票收益实证研究奠定了理论基础,如在早期研究中发现的股票收益的市场 β 效应(Fama & Macbeth,1973)。尽管实证研究中发现了一些与资本资产定价模型和有效市场假说相悖的异象变量,但其理论基础和逻辑使其成为定价理论中的黄金标准。该模型只考虑市场风险因素,有一定的不足,因此只得到了一定的拓展和延伸。

资本资产定价模型假设所有资产都由投资者持有。这个假设过于简单,并没有考虑实际中的资本管制、税收、交易成本及其他交易摩擦。另外还有些资产并不可交易,如个人未来的劳务收入。因此,除了市场风险,人们还可能面临其他不可分散的风险。显然,风险溢价还可能源自市场风险以外的其他风险因素。基于此,Ross(1976)提出了套利定价定理(APT)。该理论假设资产收益由多个风险因子驱动,风险溢价取决于各个风险因子的风险溢酬和因子载荷,无须假设投资者特定的偏好,只需利用套利定价来限制风险溢酬。该模型假设所有资产收益与有限个风险因子线性相关,且资产个数大于因子个数。但是套利定价理论并没有对可能的风险因子做出具体的设定。因此,找到合适的风险因子必然要基于可靠的实证分析。这方面的研究取得了许多突出的成果,发现了诸如基于宏观经济变量(Chen et al,1986)、公司特征(Fama & French,1993)的重要风险因子。跨期资本资产定价模型(ICAPM)(Merton,1973)也继承了 APT 理论的逻辑,从理论上分析了考虑市场以外的因素的重要性。但是该模型并未明确市场以外的其他因素。另外,Breeden(1979)将涉及多个 β 的 ICAPM 模型简化为关于总消费的单 β 模型,即消费资本资产定价模型(CCAPM)。与存在诸多不明风险因子的 ICAPM 模型相比,CCAPM 模型认为资产收益只与总消费的 β(或协方差)成比例。

理性资产定价模型也面临着选择有效状态变量的问题。在没有发现状态变量或无法验证状态变量有效性的情况下,选择有广泛证据支持的实证资产定价模型不失为可行之策。为了更好地解释股票收益,许多研究从不同的角度引入合理的风险因子,并通过这些因子敞口来解释横截面收益的特征。最有影响力的是 Fama 和 French 开展的一系列研究,如在市场溢酬因子的基础上引入公司规模和价值两方面的因子(Fama & French,1993),形成了三因子模型;在三因子基础上引入盈利因子和投资因子(Fama & French,2015),形成了五因子模型。在资产定价研究中,常见的风险因子还有流动性因子(Amihud,2002)、信息风险因子(Easley & O'Hara,2004)、动量因子(Carhart,1997)。然而,由于奈特不确定性测度具有局限性,研究中考虑奈特不确定性方面的因子存在一定的困难,如有些测度方法只适用于一些特定的资产或存在选择偏误,会造成样本量不足。Brenner 和 Izhakian(2018)的方法扫除了这方面的障碍,为基于奈特不确定性定价因子的定价研究提供了研究基础,为本文建立的实证资产定价模型创造了条件。

值得注意的是,尽管测度方法存在不足,很多研究仍然利用奈特不确定性测度方式(见表 1－1)和实证资产定价方法(如 Fama-French 回归方法和组合分析法),分析了奈特不确定性对资产定价的影响,形成了一系列有价值的研究成果。理论假设和样本数据的差异,导致形成的关于奈特不确定性和资产收益的结论也有差异。从这些层出不穷的研究方法和技术可见,资产定价研究无论在理论方法还是金融实践中都是至关重要的。另外,Anderson 等人(2009)利用宏观经济变量专业预测的不一致性对奈特不确定性进行测度,发现奈特不确定性与风险不确定性之间的相关性很弱,并且市场超额收益与奈特不确定性高度相关,而与风险无关。相比于传统的风险—收益关系,该研究为奈特不确定性—收益关系提供了强有力的证据。Brenner 和 Izhakian(2018)利用高频数据测度奈特不确定性,发现奈特不确定性对美国股票市场收益有显著的影响,并有助于解释风险对市场收益的影响。这一发现与 Izhakian(2017)的不确定性溢价分解是一致的。对于我国市场而言,这方面的研究也是十分有意义的。

随着体制的改革和经济的发展,我国金融市场发展迅猛且日趋完善,我国市场的资产定价研究受到广大学者的关注,并结合我国股票市场的独特性构建了相应的模型,如吴卫星和汪勇祥(2004)提出的基于流动性的资产定价模型,能够解释 21 世纪初期我国证券市场持续低迷的现象。邹小芃等人(2009)利用流动性风险调整的资本资产定价模型,较好地解释了实证中流动性风险溢价的时变性;苏冬蔚和麦元勋(2004)利用换手率衡量流动性,发现我国股市中资产横截面收益与换手率呈显著的负相关,存在显著的流动性溢价。这些独具中国特色的资产定价研究对我国的金融实践和机制设计具有重要的指导和参考作用,也丰富了资产定价理论。奈特不确定性也是我国金融研究的重要方向,如韩立岩和周娟(2007)与张慧等人(2008)研究了奈特不确定性下的期权定价问题。特别是在奈特不确定性对资产定价的影响方面,石丽娜和张顺明(2018)与郭荣怡等人(2018)进行了深入的理论探讨,取得了一些前沿性的研究成果。相比之下,奈特不确定性的资产定价模型及其实证研究甚少,王春峰等人(2015)对此做了研究。鉴于此,本文从奈特不确定性的角度,建立相应的资产定价模型,并实证分析奈特不确定性对资产定价的影响。

1.3 研究内容与研究框架

由于市场信息的不确定性和投资者决策的行为属性,每个国家的金融市场都不可避免地存在奈特不确定性。但相对于发达国家而言,新兴市场的会计报告制度、交易清算系统不完善,对股东和债权的法律保护不明确,导致这些市场的奈特不确定性偏高(O'Hara,2007)。在新兴经济体市场中,奈特不确定性问题尤为突出(O'Hara,2001),但这类市场中有关资产定价与奈特不确定性的研究甚少。而且,目前国内外的研究并没有涉及奈特不确定性对资产定价的影响。作为新兴经济体的领头羊,我国的市场机制和市场特征具有代表性,实证分析我国市场中奈特不确定性的影响也是当务之急。鉴于此,本文主要研究以下内容:

ⅰ)奈特不确定性是决策理论和金融理论中的研究热点,形成了一系列的理论和方法。其中,如何进行奈特不确定性的测度是研究的关键所在,故本书第 1 章在阐明奈特不确定性含义的基础上总结了现有的相关测度方法。金融研究主要关注奈特不确定性与投资者行为、资产定价方面的研究,针对这两个方面现有的成果进行了综合的概括。与奈特不确定性相关的决策效用模型是其相关理论研究的基础。在第 2 章总结了已有奈特不确定性下的效用理论,回顾了不确定概率效用理论和相关的理性资产定价模型,本文所用测度方法就是源自该框架;紧接着,对奈特不确定性及其影响的机理从行为金融的角度进行了阐述。本文一方面采用已有理性资产定价模型,另一方面构建基于奈特不确定性的实证资产定价模型,结合资产定价常用的方法,系统综合地研究奈特不确定性对我国市场和资产定价的影响。

ⅱ)为了解我国市场中奈特不确定性的总体特征,第 3 章以我国上证指数为基础,测度市场奈特不确定性,分析了其总体特征,并从子样本分析的角度探究了市场奈特不确定性的工作日效应和隔夜效应,从中发现了周末消息和隔夜消息在工作日和交易日中逐渐消化吸收的过程。这是我国投资者过度依赖消息面的表征,说明我国市场中存在内幕交易盛行的不良风气。

ⅲ)第 4 章在第 3 章的基础上,采用已有的理性资产定价模型,进一步讨论奈特不确定性对我国股票市场溢价的影响、风险和奈特不确定性对市场溢价的影响;并在此基础上探索我国投资者对奈特不确定性的态度特征,最后分析了工作日效应和隔夜效应对这种态度特征的影响。

ⅳ)第 5 章构建了一个奈特不确定性因子,并对 Fama-French 三因子模型进行了拓展,建立了一个基于该因子的四因子实证资产定价模型,并利用我国股票数据对该模型的有效性和稳健性进行了实证分析。

ⅴ)第 6 章以奈特不确定性作为定价因素,分析了其对我国股票收益的横截面效应和时序效应。横截面效应分析主要采用 Fama-Macbeth 分析方法。在时序效应方面,建立了一个基于预期奈特不确定性和非预期奈特不确定性的实证资产定价模型,并以我国市场为基础,实证分析该模型中两类奈特不确定性对资产价格的影响。

ⅵ)减少奈特不确定性是金融监管和市场设计的主旨。第 7 章主要论述奈特不确定性在金融监管方面的政策含义,并结合我国市场实际,给出了金融监管方面的若干政策建议。

本书的研究框架如图 1 - 2 所示：

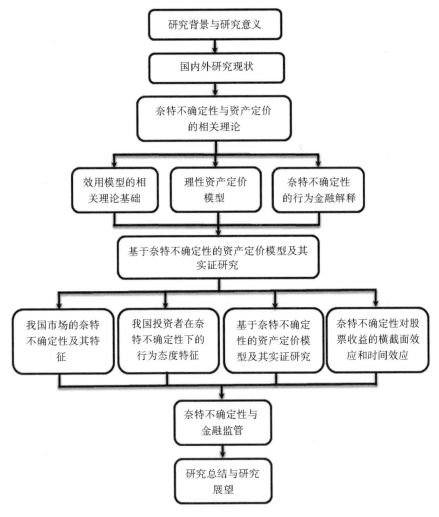

图 1 - 2　本书的研究框架图

第2章　奈特不确定性与资产定价的相关理论

行为实验结果表明,在奈特不确定性条件下,人们会表现出一些在传统理论框架下无法解释的选择行为。因此,与风险一样,奈特不确定性也是理论建模和实证分析中不可或缺的因素。近年来,奈特不确定性也成了各个领域的研究热点(Camerer & Weber,1992;Etner et al,2012;刘婧颖、张顺明,2015),形成了一系列与奈特不确定性有关的效用理论、实证分析成果,引发了对奈特不确定性及其影响机理的讨论。本章对这些方面进行了归纳总结,为本研究提供必要的基础。

2.1　相关的效用模型理论

贝叶斯认为,在没有客观概率的情况下,决策者自身应该有主观概率,并利用其进行决策。也就是说,即使决策者不知道概率,其在决策过程中也潜意识地采用了某个适当的概率。这种理念受到很多学者的怀疑和批判。奈特(1921)就指出,并非所有的不确定性都可以通过概率来量化,奈特不确定性中的概率就无法给定也无法计算。Gilboa 等人(2008)也指出,贝叶斯方法尽管是一种处理不确定性的通用方法,但无法弄清主观信念是如何形成的。Ellsberg悖论也表明建立与奈特不确定性相关的效用模型很有必要。

综合 Neumann 和 Morgenstern(1944)以及 Savage(1954)的思想,Anscombe 和 Aumann(1963)提出了主观效用模型并进行了公理化,为接下来的决策模型的推广提供了基础。该模型的特点在于,其中的行动(acts)f 将状态 s 映射到彩票(lotteries)上。在该框架下,行动 f 的效用可以表示为:

$$V(f) = \int_S \Big(\sum_{x \in \mathrm{supp} f(s)} u(x)f(s) \Big) dP(s).$$

其中:被积部分 $\sum_{x \in \mathrm{supp} f(s)} u(x)f(s)$ 表示彩票 $f(s)$ 在状态 s 下行动 f 的期望效用,体现了决策者的风险偏好;而外层积分 $\int_S \Big(\sum_{x \in \mathrm{supp} f(s)} u(x)f(s) \Big) dP(s)$ 表示的是概率测度 P 下期望效用的平均值,代表了决策者在不同状态下的信念。尽管该模型受到诸多学者的批判和 Ellsberg 行为实验结果的挑战,但是它一直是不确定性决策的标杆,也为奈特不确定性下的效用模型提供了理论基础。

尽管 Ellsberg 实验引起大家对奈特不确定性的关注,但在随后的几十年中相关的理论研究进展较慢。直到 20 世纪 80 年代才提出了一些基于非可加概率或多重概率的决策模型。其中,Choquet 期望效用模型是基于 Choquet 积分。Choquet 积分最开始用于统计力学与势理论(Choquet,1954),Choquet 积分的计算涉及非可加概率(capacity) $v: \sum \to [0,1]$,即满足 $v(S) = 1$ 且 $\forall A, B \in \sum$, $A \subseteq B \Rightarrow v(A) \leqslant v(B)$。与接下来的概率集一样,非可加概率是一种处理奈特不确定性的有效方法(Wakker,2010)。Choquet 期望效用模型是首次在决策效用理论中分别考虑奈特不确定性和风险的模型。而且,用 Choquet 积分的形式来表示基于非可加概率测度的预期效用,可以对 Ellsberg 悖论进行解释。Tversky 和 Kahneman(1992)在他们的累积前景理论(cumulative prospect theory)中也继承了 Choquet 期望效用的方法。累积前景理论是由收益—损失的非对称性与秩相依(rank dependent)期望效用(Yarri,1987;Quiggin,1982)综合得出的。但是,将其当作处理奈特不确定性的模型时,其等价于在 Choquet 期望效用基础上区分损益。李红权等人(2018)也在非可加概率的框架下,在组合分析中利用排序模块平均算子(the ordered modular average operator)来反映投资者不同的偏好和信念。

Choquet 期望效用理论是奈特不确定性下效用理论的发展基础。Schmeidler(1989)在 Anscombe 和 Aumann 的框架下通过弱化独立性公理,对 Choquet 期望效用进行了公理化。在一定的条件下,期望效用可以表示为:

$$V(f) = \int_S \left(\sum_{x \in \text{supp} f(s)} u(x)f(s) \right) dv(s).$$

有结果表明(Schmeidler,1986),在非可加概率测度 v 是凸[convex,$v(E) + v(E') \leqslant v(E \cap E') + v(E \cup E')$]的情形下,非可加概率测度下的积分可以表示为一族概率测度(也称为非可加概率的核)下的积分的最小值。但是,有些概率族并不是某些非可加概率测度的核。鉴于此,Gilboa 和 Schmeidler(1989)推广了 Choquet 预期效用,得到多重概率偏好模型。即偏好可以表示为:

$$V(f) = \min_{P \in C} \int_S \left(\sum_{x \in \text{supp} f(s)} u(x)f(s) \right) dP(s).$$

其中,取小运算 min 实际上反映了奈特不确定性厌恶的特征。这一效用也称为多重概率效用模型(max-min 期望效用)(Gilboa & Schmeidler,1989)。

在多重概率模型下,厌恶奈特不确定性的决策者非常谨慎保守,甚至过于悲观,因为他们总是选择这一系列的概率分布中最不利的情形。该模型得到了广泛应用,常作为奈特不确定性的标准决策规则。该模型的不足之处在于只能解释悲观行为或保守行为,乐观行为和混合行为无法表示。为此,Ghirardato 等人(2004)提出了不变双可分(invariant biseparable)偏好模型,其中有一种特殊偏好(称为 α-MEU 偏好,类似于 Hurwicz 的 α-maxmin 准则)(Hurwicz,1951),其表示方法是:

$$V(f) = \alpha \min_{P \in C} \int_S \Big(\sum_{x \in \mathrm{supp} f(s)} u(x)f(s) \Big) dP(s) + (1-\alpha) \max_{P \in C} \int_S \Big(\sum_{x \in \mathrm{supp} f(s)} u(x)f(s) \Big) dP(s).$$

其中,$\alpha \in [0,1]$ 表示决策者的悲观程度。当 $\alpha = 1$ 时,就变为 max-min 期望效用模型;当 $\alpha = 0$ 时,就变为 max-max 期望效用模型。

这里的 max-min 模型,包括更一般的 α-MEU 模型,都比较极端、狭隘。实际上,在一族概率 C 下,每一个行动 f 都对应一个期望效用值的集合 $\{\int_S u(f)dp \mid p \in C\}$。只对其中的某个特殊值进行评估过于片面,应综合这个集合中所有可能的值。这里的概率集 C 一方面反映了决策信息量的多少,另一方面体现了决策者的偏好。要全面地综合这些信息,必须将上述期望效用值进行适当的处理。一种比较直观的方式就是在概率集 C 中引入二阶概率 μ,对这些期望值做加权平均处理。这样就将模型变成了标准的贝叶斯模型,但并不能提供更多的信息解释,而且还存在二阶概率不可靠的问题。但是,若能采用适当的非线性函数对这些期望值进行变换,则对不确定性的态度就可以体现出来。设 $\psi:R \to R$ 为单调递增函数,则行动 f 可用下式估算:

$$V(f) = \int_{\Delta(\sum)} \psi \Big(\int_S u(f) dP \Big) d\mu.$$

在这种表示方法中,ψ 反映的是对奈特不确定性的态度,如果 ψ 为凹,代表奈特不确定性厌恶,这与经典期望效用模型中凹的效用函数代表风险厌恶是类似的;若 ψ 为凸,则代表奈特不确定性喜好。

通过这种方式,可以将奈特不确定性信息与决策者的奈特不确定性态度区别对待,其中,二阶概率 μ 和概率集代表信息中奈特不确定性的结构;作为决策者的偏好,奈特不确定性的态度通过函数 ψ 的凹凸性表示。该模型已经得到了公理化（Klibanoff et al，2005）。由于该函数 $V(f)$（相比于 Choquet 期望效用和 max-min 期望效用的函数形式）具有光滑特征，因此被称为奈特不确定性的光滑（smooth）模型。该模型受到许多学者的关注，得到了进一步推广和应用：Hayashi 和 Miao（2011）在光滑模型的基础上考虑跨期替代（intertemporal substitution），提出了递归（recursive）光滑的奈特不确定性偏好模型；Ju 和 Miao（2012）为了将风险厌恶、奈特不确定性厌恶和跨期替代分开，对递归光滑偏好模型进行了推广，并将所得效用函数应用到基于消费的资产定价模型中，对股票溢价、无风险利率和波动率之谜进行了解读；还有一些模型考虑了二阶概率的信念（Chew & Sagi，2008；Nau，2006；Ergin & Faruk，2009；Seo，2009）。

2.2　不确定概率期望效用模型与资产定价

Ellsberg 悖论的重要性在于其说明了奈特不确定性在实际决策中的重要性。金融市场中的诸多异象最能体现这一点。与风险一样，奈特不确定性对投资决策和资产定价都有实质性的影响。一个典型的例子是 Mehra 和 Prescott（1985）所发现的股票溢价之谜：股票市场溢价高于理论模型的合理值。尽管有的解释将这一现象归结为投资者的风险厌恶程度过高，但随之而来的是另一个异象：过度风险厌恶（Cochrane，1991）。Epstein 和 Wang（1994）认为，一个概率测度并不能既表示事件发生可能性的大小，又反映推断这种可能性所需信息的数量、类型及可靠性。一个合理的解释就是，在股票市场溢价中，有一部分是由股票收益的奈特不确定性造成的，从而可以降低解释中所需的风险厌恶程度。

这种将奈特不确定性纳入资产定价的逻辑受到很多学者的关注。Epstein 和 Wang（1994）以及 Chen 等人（2002）分别基于离散的跨期多重概率效用模型、连续的跨期多重概率效用模型，建立了考虑奈特不确定性的资产定价模型。这些模型阐明了市场超额收益可以分为两个部分：风险溢价和奈特不确定性溢价。Kogan 和 Wang（2003）为了考虑奈特不确定性对股票收益的影响，对 CAPM 模型进行了推广。其中假设投资者不能确定资产收益的分布，最终风险溢价可以表示为市场风险溢价和奈特不确定性敞口的溢价。Easley 和 O'Hara（2009）的模型表明奈特不确定性会增加均衡风险溢价，因为奈特不确定性而导致有限参与，精明投资者要承担市场整体风险。这些理论模型都表明奈特不确定性是资产定价的重要因素，为金融市场异象的解读提供了一系列合理的框架。但缺乏有效的奈特不确定性测度方式,给实证带来了一定的困难。

在上一节的模型中,对奈特不确定性的态度表现为对确定等价效用的保均值扩展(mean-preserving spreads)的态度,因而与风险和决策者的风险偏好混为一谈。近年来,奈特不确定性下的决策模型越来越关注风险与奈特不确定性的分离,回归奈特不确定性的本质——概率不确定性。为了在独立于风险及风险态度的情形下分析投资者的奈特不确定性态度,Izhakian(2017)提出了不确定概率期望效用理论(EUUP),并在Kopylov(2010)和Wakker(2010)的基础上进行了公理化。

根据不确定概率期望效用偏好的刻画定理(Izhakian,2017),对于任何一个行动f,存在一个在正线性变换意义下唯一的函数$u:X \to R$,且它是连续的、严格递增的、有界的,并满足$u(0)=0$(0作为参考点),存在一个在正线性变换意义下唯一的连续的、非常数的、有界函数$Y:[0,1] \to R$,存在唯一的连续的、严格递增的函数$\Gamma:[0,1] \to [0,1]$,存在唯一的可加概率测度ξ,使得其期望效用可以通过以下公式进行计算:

$$V(f) = \int_{z \leq 0} [\Gamma(Y^{-1}(\int_C Y(P\{s \in S \mid u[f(s)] \geq z\})d\xi)) - 1]dz$$

$$+ \int_{z \geq 0} \Gamma(Y^{-1}(\int_C Y(P\{s \in S \mid u[f(s)] \geq z\})d\xi))dz. \qquad (2-1)$$

其中:$P \in C$为有限可加概率测度;Y称为展望函数(outlook function)。

这种偏好表示方法将信念与偏好、风险与奈特不确定性完全分开。一阶信念由不确定概率P表示;二阶信念则由概率测度ξ表示;风险态度由效用函数u来表示;奈特不确定性态度则由展望函数Y表示(与效用函数的凹凸性反映风险态度类似)。当Y为凹时,表示奈特不确定性厌恶;当Y为凸时,表示奈特不确定性喜好;当Y为线性函数时,表示奈特不确定性中性(neutrality)。Γ表示主观的概率加权函数。当Y和Γ都为单位函数时,公式2-1即为通常的期望效用。期望效用理论将风险大小和风险偏好区别对待,开创了独立于风险态度的风险测度和独立于风险的风险态度研究。它与不确定概率期望效用理论有相同之处,完全遵循了奈特所倡导的思想,一方面将风险和奈特不确定性严格区分,另一方面将奈特不确定性大小和奈特不确定性态度进行区分。这为进一步研究奈特不确定性的测度和实证分析提供了良好的理论基础。

在这一模型的框架下(Izhakian,2017;Brenner & Izhakian,2018),提出了用

概率分布的分散性来测度奈特不确定性。设概率空间为 $(S, \sum, P)$，P 是凸的概率集 $\mathcal{P}$ 中的一个概率测度，概率集 $\mathcal{P}$ 上有一个二阶概率测度 ξ，对于不确定收益 $r:S \to R$，其累计概率 P 相应的边际概率（密度函数或概率分布律）为 $\eta(r)$，则不确定收益 r 的期望边际概率和累计概率可分别表示为：

$$E[\eta(r)] = \int_{\mathcal{P}} \eta(r) d\xi,$$

$$E[P(r)] = \int_{\mathcal{P}} P(r) d\xi.$$

在此基础上，不确定收益 r 的期望 $E(r)$ 和方差 $Var(r)$ 利用期望边际概率进行计算，$E(r) = \int E[\eta(r)] r dr$，$Var(r) = \int E[\eta(r)][r - E(r)]^2 dr$。此时，边际概率的方差可定义为：

$$Var[\eta(r)] = \int_{\mathcal{P}} \{\eta(r) - E[\eta(r)]\}^2 d\xi.$$

该值的大小能够反映概率不确定性的程度，也可以反映奈特不确定性的本质。因此利用期望边际概率可以将奈特不确定性定义为：

$$\mho^2 = \int E[\eta(r)] Var[\eta(r)] dr. \qquad (2-2)$$

这个式子实际上就是概率的方差，是奈特不确定性实证测度的基础。但这个式子只是一个理论形式，在实证中仍然需要进行适当的转换。

投资者投资一个单位的财富后，未来总收益取决于既具有风险又具有奈特不确定性的收益 r。根据不确定概率期望效用理论（Izhakian，2017），该投资的期望效用可近似地表示为：

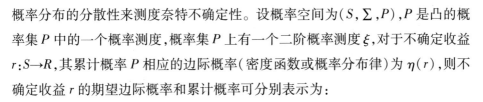

$$W(1+r) \approx \int_{r \leqslant r_f} u(1+r) \underbrace{E[\eta(r)]\left(1 - \frac{Y''\{1-E[P(r)]\}}{Y'\{1-E[P(r)]\}} Var[\eta(r)]\right)}_{\text{亏损的认知概率}} dr$$

$$+ \int_{r \geqslant r_f} u(1+r) \underbrace{E[\eta(r)]\left(1 + \frac{Y''\{1+E[P(r)]\}}{Y'\{1-E[P(r)]\}} Var[\eta(r)]\right)}_{\text{盈利的认知概率}} dr.$$

$$(2-3)$$

其中，Y 和 u 为公式 $2-1$ 中的展望函数和效用函数，盈利与亏损的参考点为无风险收益 r_f，且认知概率未进行变换（Γ 为单位函数）。Izhakian（2017）进一步研究得到，该投资收益 $1+r$ 的不确定性溢价 κ 可以近似分解为风险溢价和奈特不确定性溢价两部分：

$$\kappa \approx \underbrace{-\frac{1}{2}\frac{u''[1+E(r)]}{u'[1+E(r)]}Var(r)}_{\text{风险溢价}} - \underbrace{E\left[\frac{Y''\{1-E[P(r)]\}}{Y'\{1-E[P(r)]\}}\right]E[\,|r-E(r)|\,]\,\mho^2(r)}_{\text{奈特不确定性溢价}}.$$

$$(2-4)$$

其中:风险溢价的期望和方差基于期望边际概率,由风险 $Var(r)$ 和绝对风险厌恶系数 $-\frac{u''}{u'}$ 决定;奈特不确定性溢价部分由奈特不确定性大小 $\mho^2(r)$ 和奈特不确定性态度 $-\frac{Y''}{Y'}$ 决定,$-\frac{Y''}{Y'}$ 可视为绝对奈特不确定性厌恶系数。$-\frac{Y''}{Y'}>0$ 表示厌恶奈特不确定性,有正的溢价;而 $-\frac{Y''}{Y'}<0$ 表示奈特不确定性喜好,有负的溢价。$E[\,|r-E(r)|\,]$ 起到量纲调整作用。当不存在奈特不确定性 $[\,\mho^2(r)=0\,]$ 或者投资者奈特不确定性为中性(展望函数 Y 为线性函数)时,上式退化为通常的风险溢价。

相比于 1.2.1 一节中提到的各种奈特不确定性实证测度,基于公式 2-2 的方法是纯粹的概率不确定性的测度,有合理的理论基础。这种奈特不确定性的测度方法至少从理论上剔除了风险(收益大小)方面的因素,同时也去除了奈特不确定性态度的影响。Brenner 和 Izhakian(2018)对该测度理论进行了实证变换,提出了一种利用高频收益率数据测度个股或指数的奈特不确定性的方法。具体如下:

假设一个月中每个交易日的个股收益概率分布函数为 $F(x)$。将日收益率范围 $[-6\%,6\%]$ 分成 60 个长度为 0.2% 的小区间。计算一个月内所有交易日收益率在每个小区间的概率。此外还要计算收益率低于 -6% 和高于 6% 的概率。接着计算一个月内每个小区间对应概率的均值和方差。最后,通过如下离散形式的公式来计算该月的奈特不确定性。

$$\mho^2 = \frac{1}{w(1-w)}\{E[F(r_0)]Var[F(r_0)]$$

$$+ \sum_{i=1}^{60} E[F(r_i)-F(r_{i-1})]Var[F(r_i)-F(r_{i-1})]$$

$$+ E[1-F(r_{60})]Var[1-F(r_{60})]\}. \qquad (2-5)$$

其中,$r_0 = -0.06$,$w = r_i - r_{i-1} = 0.002$,$\frac{1}{w(1-w)}$ 使得加权平均的概率波动率的量纲与小区间的长度一致。接下来,假设每个交易日的个股收益概率分布

为均值 μ 和方差 σ^2 的正态分布,分布函数 $F(x) = \Phi(x, \mu, \sigma^2)$,其中的未知参数通过样本股数据的日内分钟收益率(如五分钟)数据进行估算。基于美国市场的分析结果(Brenner & Izhakian, 2018)表明,该测度方法可靠、有效,且该测度下的奈特不确定性溢价具有显著的影响,有助于解释股票溢价的异象。本文将采用这种方法对我国市场中的指数和个股的奈特不确定性进行测度。

2.3　奈特不确定性的行为金融解释

经典的现代金融学理论都基于理性预期假设。尽管如此,该假设还是遭到诸多争议,其在实践中并不成立,因为人们对事物的认识存在或多或少的差异,奈特不确定性是不可避免的。比如:很多经济学家对货币政策经常看法不一;即使生活背景一样,人们的宗教信仰差异也很大。由于奈特不确定性对投资者行为和资产定价具有重要影响,其形成机理也受到研究人员的关注。大致有以下三种解释(Hong & Stein, 2007):

渐进信息流假设(gradual information flow)。Hong 和 Stein(1999)指出,股票市场信息流具有渐进特征。由于信息分布和投资者专业层次的不同,一些有价值的信息传达到投资者的时间有先后。若信息对于市场是正面的,则接收信息的投资者会马上调高相关股票的估值;与此同时,还未收到信息的投资者的估值保持不变。由此,投资者间形成了意见的差异,也即奈特不确定性。一个典型的例子就是,《纽约时报》在其封面报道了 EntreMed 公司的癌症研究成果后,该公司股票在接下来的交易日内由 12 美元上涨至 52 美元。而事实上,在半年前该研究成果已经在《Nature》和其他主流媒体(非封面)发表。一个合理的解释就是,少数专业人员从专业学术期刊获得相关信息,而大部分人从媒体获得。这种信息传递方式使得只有少数专业人员提前获得信息,但这并不会造成股价的大幅上升;当大部分人从封面获得消息之后,才会整体提高股票估值。这也表明,投资者解读自身所在行业的信息效率更高,而解读其他行业的消息却更慢。因此,信息在不同行业间的解读和流转速度不一。因此,渐进信息流假设与反应不足(underreaction)还是有区别。

有限关注(limited attention)。由于投资者认知负荷有限,只能关注有限的部分公开信息(Peng & Xiong, 2006;Hirshleifer & Teoh, 2003)。这种解释并不强调信息扩散的动态过程。该假设认为,信息发布方式越受关注,该信息对市场的影响就越大;反之,对市场的影响就越小。另外,还需假设投资者为非精明投资者,尽管他们的估值只是基于他们所关注到的部分相关信息,但与对手进行交易时他们并不会调整估值。与信息流解释不一样的是,当投资者由于某些原因分心时,有些消息的发布可能对其股票的估值影响甚微。有研究表明(Vigna & Pollet,2009),在周五发布公司业绩公告所产生的交易量比在其他工作日发布的公司业绩公告所产生的交易量要少,股价反应不足更为明显。一个合理的解释就是,人们在临近周末时的注意力不够集中,因而在下周进行估值调整时遗漏部分消息的含义。

异质性先验(heterogeneous prior)。该解释认为,即使一个消息同时向所有投资者公开,而且他们都关注到了,该消息还是会导致对股票基本面判断的差异。假设所有投资者在初期对某个特定资产收益的信念都是一样的,当有关该资产的信息出现时,每个投资者都会利用其建立的信息—资产收益模型,对自身的信念进行更新。只要投资者所用的模型不同,他们的解读就可能会相差很大(Kandel & Pearson,1995)。例如,假设某公司发布业绩较前一季度增长 10% 的公告。若投资者原本预计业绩不会增长且认为业绩冲击具有持续性,则该公告将会使得预期业绩的现值也增加约 10%;若另一投资者原本也预计业绩不会增长,但认为业绩冲击没有持续性,则该消息是正面的,但效果没有前一种情况那么强;若还有一个投资者原本预计业绩增长 20%,该消息则是负面的,其必然会下调估值。这个例子表明,即使面对同一个消息,投资者的判断也存在极大的差异。

这些奈特不确定性的形成机理可以为一些资产定价模式提供合理的解读,也可以为价格与交易量间的联动提供参考。尽管在一定的理性预期假设(Diamond & Verrecchia,1987,Hong & Stein,2003)下,奈特不确定性与股票收益并无关系,但大部分实证结果支持卖空限制下的有限参与假设(Miller,1977)和不确定的非对称信息假设(Goetzmann & Massa,2005)。

ⅰ)卖空限制下的有限参与假设(Miller,1977),也称为乐观模型。由于奈特不确定性的存在,导致意见产生分歧,由此形成两类投资者:乐观投资者和悲观投资者。悲观投资者认为当前价值被高估了,但由于卖空限制,只能选择卖出股票退出市场;而乐观投资者认为价值被低估,会选择买入股票,故最终持有股票的是乐观投资者。此时价格较高,相比于平均预期而言,价值被高估了。

这种假设下,奈特不确定性与当前价格正相关,与未来股票收益负相关。这一假设在很多实证研究(Diether et al,2002;Goetzmann & Massa,2005;Chen et al,2002;Andreou et al,2018)中得到了证实。值得注意的是,这种假设是建立在卖空限制基础上的。若存在奈特不确定性,但无卖空限制,则此时乐观投资者和悲观投资者间可以进行交易,那么价格反映的是不同投资者的平均估值;平均而言,股票不会被高估。

ⅱ)不确定的或非对称的信息假设。这一假设实际上将奈特不确定性当作特质风险。奈特不确定性越大,意味着盈利越不稳定,可预测性越差,会使得当前的股价下跌。所以奈特不确定性具有与传统风险类似的解释力,奈特不确定性会导致信息不对称的加剧和更大的波动性,从而促使投资者要求更高的收益。因此股价在当前会有一定的折扣,开始时比较低,接着会上升,投资者会获得高额收益,以补偿所承担的风险。按照这一逻辑,奈特不确定性与未来收益间应具有正相关关系。这种观点在一些涉及奈特不确定性的理论模型中(Harris & Raviv,1993;Wang,1993;He & Wang,1995;Kraus & Smith,1989;Chen & Epstein,2002;Izhakian,2017)得以体现,同时这种正向关系在一些相关的实证研究结果(Anderson et al,2009;Jiang & Sun,2014;Carlin et al,2014;Garfinkel & Sokobin,2006)中也得到了证实。

这两种假设的结论完全相反,但交易量与奈特不确定性都是正相关的。在前一种情形下,主要是因为乐观投资者交易得更多;在后一种情形下,不确定性的增加会导致对冲交易增加。这也是部分研究(Garfinkel & Sokobin,2006)借助交易量测度奈特不确定性的原因所在。还有一种中立的观点为价格无偏假设。这种观点认为,即使投资者面对奈特不确定性,价格也不会发生偏差,未来股票的超额收益平均而言会趋于 0。Diamond 和 Verrecchia(1987)、Hong 和 Stein(2003)做了这方面的工作。前者认为市场中存在完全理性的做市商,其拥有无限的计算能力,并能掌握所有的公开信息;后者则认为市场中存在完全理性的套利者。在这些假设下可以消除市场间的错误定价。但这种假设并未在实证资产定价中得到验证。

2.4　本章小结

从理论研究和实证分析的研究现状来看,奈特不确定性因素和风险因素旗鼓相当,两者缺一不可。特别是在金融异象研究方面,奈特不确定性是风险因素的补充,能够从理论和实证方面提供一些合理的解读。可以肯定的是,不管是在理性资产定价理论中还是在实证定价分析中,奈特不确定性对股票市场和资产定价都有着实质性的影响,是研究金融市场不确定性的关键因素。

从分析结果看,奈特不确定性对我国股票收益的影响是负面的,因此支持卖空限制下的有限参与假设 Miller(1977)。奈特不确定性的这种负面效应,相关部门应重视,因此从奈特不确定性的角度加强风险管理和金融监管是十分有意义的。

第3章　我国股票市场的奈特不确定性及其特征

本章旨在分析我国股票市场中奈特不确定性的总体特征,并从子样本分析的角度探究了市场奈特不确定性的工作日效应和隔夜效应,研究周末消息和隔夜消息对奈特不确定性的影响。

3.1　引言

我国股票市场肇始于 20 世纪 90 年代初期成立的上海证券交易所(SSE)和深圳证券交易所(SZSE)。十一届三中全会以来,我国改革开放进入了新时代,经济体制改革不断深入,证券市场的发展也步入正常轨道。1990 年 12 月 19日,上海证券交易所正式开业,开创了我国改革开放以来证券市场发展的新纪元。1991 年 7 月 3 日,深圳证券交易所也正式开始营业,我国证券市场逐渐形成。改革开放和市场经济体制的推进使我国发生了日新月异的变化,也为我国证券市场的发展提供了成长的土壤。从最开始上海证券交易所的 8 只股票和深圳证券交易所的 5 只股票,两个证券交易所在上市公司数量和市值总量两方面都有了迅猛的增长。截止到 2018 年 6 月,上海证券交易所共有 1428 家 A 股上市公司,A 股总流通市值达 254,137 亿元;深圳证券交易所共有 2105 家 A 股上市公司,A 股总流通市值达 147,811 亿元[①]。两个交易所的增长模式都差不多。2004 年,深圳证券交易所推出中小企业板后,上市公司数量迅猛增长;特别是深圳证券交易所在 2009 年推出的创业板,促使其上市公司数量增加。尽管深圳证券交易所板块多、上市公司数量多,但该交易所的上市公司一般为小型公司,其总市值仍小于上海证券交易所。我国已经发展成全球主要的股票市场,股票市场是我国社会发展和经济建设的动力源泉。

我国股票市场有一些独具一格的特征。最典型的是多种股票共存。市场上有 A 股、B 股和 H 股。A 股主要面向国内投资者,计价货币为人民币;B 股面

---

① 来自 Wind 数据。

向国外投资者,在上海证券交易所用美元计价,在深圳证券交易所用港币计价,且限制国内投资者到国外投资,也限制国外投资者投资我国大陆的 A 股市场。令人疑惑的是,B 股一般都是折价交易的,这与其他国家类似的股票大为不同(Bailey et al,1999),有研究将这一现象归结为国外投资者与国内投资者间的信息不对称(Chan et al,2008)、交易量小且不活跃(Chen et al,2001)、A 股的投机泡沫(Mei et al,2009)和风险差异(Eun et al,2001)。2001 年 2 月 19 日,B 股市场对国内投资者开放。由于交易限制的放宽,B 股市场的发行和交易明显减少。截至 2018 年 4 月,沪深两市仅有 100 家 B 股上市公司,在整个市场中占的比例很小。H 股是指注册地在内地的公司在香港上市并交易的股票,计价单位是港币。有研究表明(Chan et al,2008;Mei et al,2009),由同一公司发行的 B 股、H 股与 A 股在价格上存在明显的差异。很多公司的 A 股还分为流通股和非流通股,这就是所谓的“股权分置”。流通股是社会公众持股,可以在交易所上市和交易,主要投资者为国内大众和机构;非流通股主要是国有股和法人股,不能在交易所自由买卖,只能通过拍卖或协议转让的方式在获得监管部门的批准后才能进行流通。除了流通权不一样,其他权利与流通股一样。1998 年下半年到 2001 下半年,为了解决国企改革和发展资金的需求,通过国有股变现的方式,我国探索性地尝试解决股票中的股权分置问题;2004 年 1 月 31 日,我国政府颁布了《国务院关于推进资本市场改革开放和稳定发展的若干意见》(以下简称《意见》),其中明确地指出将积极稳妥地解决我国股票的股权分置问题。根据该《意见》,证监会于次年 4 月底发布了《关于上市公司股权分置改革试点有关问题的通知》,开启了股权分置改革的新纪元。首批四家试点公司中,三一重工、紫江企业和金牛能源顺利通过股权分置改革,实现所有股票全流通。为全面推进股权分置改革,证监会于 2005 年 9 月颁布了《上市公司股权分置改革管理办法》。经过这一系列的措施,大部分国有企业降低国有成分,非流通股逐渐转为流通股。截至 2018 年底,沪、深两市的非流通股市值在总市值中占比已经由 20 世纪 90 年代初的 90% 下降为 18.6%。

我国 A 股市场是指令驱动市场,投资者可提交市价单和限价单。沪、深两市的交易机制类似,订单都是通过中心化的限价指令簿执行。交易系统遵循“价格优先、时间优先”原则进行自动匹配撮合交易,而未成交的限价单则累积形成限价指令簿。沪、深两市早期在交易价格和交易量方面都有十分严格的限制,但交易量不大。为了促进交易和提高市场流动性,股票市场成立初期就撤销了价格限制,推行自由交易政策。1996 年 12 月,为了控制市场投机、市场过热,维护社会稳定,政府部门又重新执行限价政策,将报价涨、跌幅限制在 10% 以内,避免市场过度动荡。这一过程也反映了我国股市"摸着石头过河"的发展历程。

我国政府对国内市场投资者有严格的限制。投资者可以分为四类:国内个人投资者、国内机构投资者、金融中介与金融服务机构(包括经纪人、综合证券公司、投资银行和信托公司)以及合格的境外机构投资者(qualified foreign institutional investors,简称 QFII)。其中 QFII 制度实际上是一种资本管制形式,目的是限制和引导外国资本,使之与国内经济发展和证券市场发展相适应,抑制国外投机性游资对我国经济和市场的冲击,减少外来资本对国内经济独立性的影响。除 QFII 外,我国大陆的商业银行禁止参与证券发行和投资业务。商业银行不得为证券业务提供贷款。保险公司只能通过由共同基金运营的资产管理工具间接地投资股票市场。

值得关注的是,我国股票市场规模大,发展迅猛,但存在着一些问题。内幕交易盛行:市场内部人员或公司高管等知情人士利用信息便利的渠道,在信息披露前非法进行不当交易,违背市场公平性和透明度。退市机制不完善:截止到 2018 年底,我国 A 股市场累计退市 100 家;部分有退市压力的公司通过违规手段规避退市规则,使得市场中存在不少劣质的、业绩惨淡的公司。资金利用效率不高:部分公司将筹集的资金闲置或滥用,未能发挥资金提升公司业绩的作用,降低了股票市场应有的资源配置效率。法律法规不健全:法律法规的覆盖面不够大,无法满足市场经济发展的需要,传统计划经济特征未能充分发挥法律法规的有效性和严肃性。

这些问题的存在必然使我国市场的奈特不确定性偏高,严重地影响我国广大中小投资者的热情和积极性。因此,讨论和分析我国市场中奈特不确定性的相关特征,对于完善我国市场有重要意义。目前,针对我国市场讨论奈特不确定性经济含义的实证研究并不多。大多数围绕奈特不确定性的资产定价研究是理论层面的,如:韩立岩和周娟(2007)、张慧等人(2008)分别借助模糊测度(Choquet 积分)和倒向随机微分方程对奈特不确定性下的期权定价问题进行了研究;李雪等人(2008)从数值分析的角度讨论资产价格中奈特不确定性的效应。从实证的角度讨论奈特不确定性对我国市场中的资产价格的影响也是十分有意义的。王春峰等人(2015)通过量化我国股票市场奈特不确定性分析了其在资产价格中的效应,结果表明:我国市场中的奈特不确定性近些年(2015 年前)有所下降且小于美国市场;且奈特不确定性在资产价格中有负向效应,这意味着我国投资者表现出奈特不确定性喜好的态度。本章主要讨论我国股票市场中的奈特不确定性及其特征,在下一章再讨论我国市场中的投资者对奈特不确定性态度的模式特征。

3.2　我国股票市场的奈特不确定性

本章将上证综合指数作为我国股票市场组合,并利用上证指数 2000 年至 2017 年间 216 个月中 4343 个交易日(未考虑数据缺失的 17 个交易日及因熔断机制交易时间过短的 2016 年 1 月 7 日)的日内五分钟数据(Andersen et al, 2001)进行研究。数据表明,五分钟的时间区间能够最小化市场微观结构的影响。每个交易日内有 48 个观测值。无风险收益率采用的是中国人民银行一年期的银行存款利率。

为了进行对比,首先计算上证指数的月波动率。月波动率通过一个月内日收益率的方差进行计算,本章采用 Scholes 和 Williams(1977)所提出的非同步交易调整方法,即:

$$v_t^2 = \sum_{i=1}^{N_t} r_{t,i}^2 + 2\sum_{i=2}^{N_t} r_{t,i}r_{t,i-1}. \qquad (3-1)$$

下一步是利用公式 2-5 计算该指数的月奈特不确定性 υ^2。每个交易日内 9:30—11:30 和 13:00—15:00 间共有 48 个五分钟区间。取每个时间区间内的收盘价计算五分钟的收益率。为了得到月奈特不确定性的测度,需要得到概率分布的日估计。利用每一天的 48 个观测值,计算标准化(乘以 48)的收益率日均值 μ 和方差 σ^2。基于日内收益率的正态性假定,构建一个概率分布集合,其中的参数由 μ 和 σ^2 决定。然后计算每一天的盈利收益的累计概率。在样本日均值与标准差之比 $\frac{\mu}{\sigma}$ 服从 t 分布的假设下,一个月内的盈利收益累计概率 P $(r \geq r_f)$ 服从均匀分布(Kendall,1977)。因此,在计算期望盈利收益累计概率 E $[P(r \geq r_f)]$ 时,只需简单平均即可,以下用 P_t 表示。月奈特不确定性 υ^2 的计算基于公式 2-5,其中分布函数为正态分布的分布函数,即 $F(x) = \Phi(x,\mu,\sigma)$。

　　所得的市场月奈特不确定性序列见图 3-1。从图中可见,在一些重大金融危机时期,奈特不确定性都偏高,如 2001 年出台和暂停国有股减持办法期间、2008 年次贷危机发生期间、2013 年 6 月钱荒时期、2015 年我国股灾发生期间等。从图中还可以看出,在奈特不确定性较高时,市场超额收益率相对较低。奈特不确定性 $\mathcal{U}^2$ 与收益率方差 v^2 的相关系数为 0.62。其中:在奈特不确定性较高(大于 90% 的分位数)的 22 个月份中,有 13 个月的收益率方差不是很高,如 2013 年 6 月钱荒时期;反之,在收益率方差较高的 21 个月份中,有 12 个月的奈特不确定性不是很高。

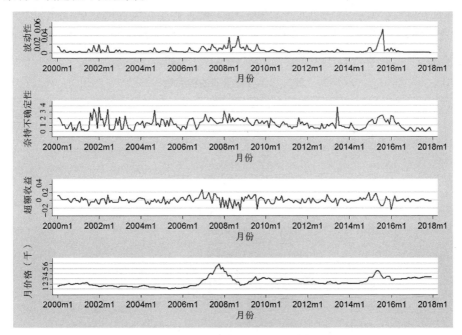

图 3-1　我国市场的月奈特不确定性序列

表 3-1　各变量的描述性统计

变量	mean	p50	min	max	sd	skewness	kurtosis
v_t	0.0634	0.0537	0.00881	0.235	0.0362	1.633	6.559
ϑ	0.0106	0.00910	0.00232	0.0291	0.00556	1.341	4.418
v_{garch}	0.0787	0.0705	0.0238	0.221	0.0360	1.191	4.176
P_t	0.504	0.506	0.451	0.547	0.0187	-0.219	2.384
$\mathcal{U}$	1.024	1.059	0.168	1.950	0.371	-0.0649	2.639

涉及的各个变量的描述性统计见表 3 - 1。其中:v_{garch} 表示用 GARCH 方法计算得到的月波动率;奈特不确定性的平方根 $Ʊ$ 的平均值 1. 024 高于美国市场的 0. 948,且标准差较大;奈特不确定性水平整体较高,且奈特不确定性的波动性较大,这说明我国市场的成熟度与发达市场相比还是有较大的差距,这一特征符合 O'Hara(2001) 有关新兴市场奈特不确定性的论述。为便于分析,对这些变量进行相关性检验,结果见表 3 - 2。从表中数据可见,市场超额收益与奈特不确定性和收益率方差呈弱的负相关。其中,市场超额收益与奈特不确定性的相关性不显著。另外,尽管奈特不确定性 $Ʊ^2$ 的计算与收益大小无关,理论上应该与风险测度独立,但样本中 $Ʊ^2$ 与 v^2、v_{garch} 都有显著的相关性。这可能与我国投资者的行为有关,即在波动率较高时,投资者对市场判断的不确定性也比较高。

表 3 - 2　各变量间的相关性

	$r - r_f$	v_t^2	ϑ	v_{garch}	P_t	$Ʊ^2$
$r - r_f$	1					
v_t^2	- 0. 135	1				
	(0. 0469)					
ϑ	- 0. 164	0. 832	1			
	(0. 0161)	(<0. 0001)				
v_{garch}	- 0. 132	0. 797	0. 934	1		
	(0. 0528)	(<0. 0001)	(<0. 0001)			
P_t	0. 824	- 0. 0568	- 0. 0726	- 0. 0630	1	
	(<0. 0001)	(0. 406)	(0. 288)	(0. 357)		
$Ʊ^2$	- 0. 0873	0. 620	0. 767	0. 739	- 0. 110	1
	(0. 202)	(<0. 0001)	(<0. 0001)	(<0. 0001)	(0. 107)	

注:括号内数据为 p 值。

3.3　我国股票市场奈特不确定性的日历效应

3.3.1　工作日效应

通常,日历效应是指金融市场与特定日期相关的非正常的收益、波动等。下面讨论市场奈特不确定性的日历效应和隔夜效应。由于很多市场信息披露和发布在特定的工作日,因此这些信息累积在特定的工作日,给市场带来一定的影响。研究表明,证券市场存在统计上显著的周内效应(French,1980)。某些特定日期的市场收益率会有偏高或偏低的现象。如在美国、英国和加拿大等发达国家的股票市场中,周一的收益率显著为负,而周五的则显著为正(Jaffe,1985)。奉立城(2000)研究指出,我国股票市场不存在发达国家证券市场所具有的周一效应,而周五效应显著为正。那么,我国市场的奈特不确定性 $\mho^2$ 是否单纯地受到某个工作日的影响,奈特不确定性是否会呈现出特定的工作日效应?

为验证这些问题,将样本中周一到周五某类工作日的数据剔除,并分别计算奈特不确定性及其他相应变量的值。为方便起见,将剔除周一数据后计算的奈特不确定性记为 $\mho_1^2$,依此类推;全样本的奈特不确定性仍记为 $\mho^2$。所得的奈特不确定性 $\mho_i^2(1 \leqslant i \leqslant 5)$ 的描述性统计见表 3-3。

表 3-3　剔除某些特定时间段数据后的奈特不确定性 $\mho_i^2$ 的描述性统计

统计量	$\mho^2$	$\mho_1^2$	$\mho_2^2$	$\mho_3^2$	$\mho_4^2$	$\mho_5^2$	$\mho_6^2$
mean	1.185	1.140	1.208	1.203	1.198	1.209	0.882
min	0.0283	0.00988	0.0351	0.0279	0.0315	0.0165	0.00904
max	3.802	4.009	3.824	3.944	3.979	4.076	3.544
std. dev.	0.771	0.776	0.776	0.800	0.812	0.808	0.766

剔除数据后样本的平均奈特不确定性 $\mho_i^2(1 \leqslant i \leqslant 5)$ 相对于全样本的 $\mho^2$ 都略有增减。对显著性水平为 5% 的均值检验发现:$\mho^2$ 显著大于 $\mho_1^2$;$\mho^2$ 显著小于 $\mho_2^2$ 和 $\mho_5^2$;$\mho^2$ 与 $\mho_3^2$ 和 $\mho_4^2$ 无显著性差异。为了防止市场异常波动,很多重大政策信息(如降息、降准、交易规则的调整等)都选择在非交易时段的周末发布,另外周五闭市后到周一开盘间存在诸多不可预料的市场消息,这些利空或利好消息的累积增加了周一市场的不确定性。剔除周一的数据后,平均而言,显著减少了该月的市场奈特不确定性。经过周一市场的消化和吸收,周二至周五的消息趋于平稳,不确定性相对而言较低,故剔除这几类工作日中的任何一组数据后,平均奈特不确定性不会显著减少。综合可知,从平均奈特不确定性的角度来看,周一效应显著提高了全样本的奈特不确定性;周二和周五效应则因这两类工作日市场不确定性较低而拉低整体的奈特不确定性;没有显著的周三和周四效应。$\mho_i^2(1 \leqslant i \leqslant 5)$ 的时间序列见图 3-2。可见,剔除周内某个工作日的

数据并不影响奈特不确定性的整体趋势。

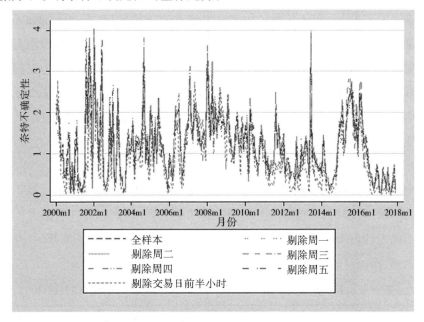

图 3 - 2　剔除某些特定时间段数据后的奈特不确定性时间序列图

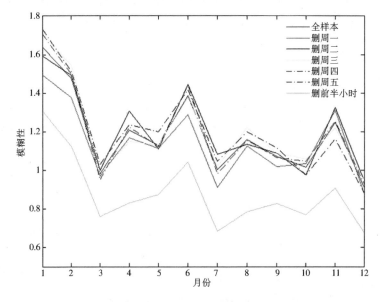

图 3 - 3　不同(子)样本下各个月份的平均奈特不确定性

另外,将样本区间内的月奈特不确定性按月份进行平均,见图 3 - 3。各个(子)样本都呈现出以下特征:一月份的平均奈特不确定性是所有月份中最大的,且显著大于部分月份;二月份的次之;十二月份的平均奈特不确定性最小;

其他月份的平均奈特不确定性绝大部分无显著差异。大部分公司的年报披露都在三月或四月,一月和二月间投资者对公司业绩的顾虑可能造成的影响存在极大的不确定性,离披露的时间越远,不确定性越大。同时这两个月在春节前后,长假期间令人猝不及防的利空、利好将增加节后市场的不确定性,从而导致一月份的奈特不确定性最大,二月份次之。接下来的三月,奈特不确定性显著减少,这和我国特殊的政治体制有关——每年举世瞩目的“两会”都发生在三月,这也体现了我国市场属于“政策市”这一特征。十二月是年末资金结算的月份。我国是资本推动型的市场,大部分公司十二月都面临各种渠道资金的收回和结清,资金面减少,股价偏低。但这与市场预期一致,不会造成过大的市场不确定性,故十二月的市场奈特不确定性最低。

3.3.2　隔夜效应

Berry 和 Howe(1994)指出,金融市场的公共信息流(如买卖价差、波动率和交易量等信息)在闭市后的半小时内达到最高峰。再加上夜间各类信息的累积,价格发现过程将主要发生在第二天股市开市初的一段时间内(Heston et al,2010),因而隔夜消息对第二天股市早盘有很大的影响。这就是所谓的隔夜效应,也是股票收益率研究中不容忽视的方面。有研究发现,我国沪、深两市就存在持续的隔夜效应(刘文忠、何文忠,2012)。为了验证我国奈特不确定性是否受到休市后隔夜消息的影响,本文将样本中每个交易日的前半个小时(6 个观测值)的数据予以剔除。盈利收益概率的范围为 0.4643—0.5445,故计算奈特不确定性时盈利收益概率区间的划分依然不变,所得奈特不确定性记为 $\mho_6^2$。$\mho_6^2$ 的描述性统计、样本区间内的时间序列图、月平均奈特不确定性图分别见表 3 - 3、图 3 - 2、图 3 - 3。剔除交易日前半个小时数据的平均奈特不确定性 $\mho_6^2$ 相比于全样本的平均奈特不确定性减少了 0.3,且经检验可得 $\mho_6^2$ 显著小于全样本的平均奈特不确定性 $\mho^2$。这说明,在我国股市连续竞价的早期交易中,隔夜消息没有被市场充分地吸收,给投资者带来很强的不确定性,交易行为中体现出很大的奈特不确定性。因此,平均而言,市场的奈特不确定性有很强的隔夜效应,早盘的奈特不确定性能够大幅提升整体的奈特不确定性。从图 3 - 3 中也可以看出,$\mho_6^2$ 的月平均值普遍低于其他(子)样本的同期月平均奈特不确定性。隔夜累积的消息导致早盘的奈特不确定性偏高,这表明我国投资者过度依赖消息面,而忽视基本面和价值投资理念,这也是市场上内幕交易盛行的一种体现。值得注意的是,隔夜效应对美国股市的早盘没有影响(Brenner & Izhakian,2018)。

以上是关于隔夜效应对早盘交易的奈特不确定性的影响,那么隔夜消息是否会影响尾盘交易的奈特不确定性呢? 为解答这个问题,在全样本中剔除每个交易日最后半个小时的数据(结果未报告),发现平均奈特不确定性与全样本相比没有显著差异。这意味着尾盘交易中奈特不确定性不会受到隔夜效应的影响。

从这些奈特不确定性的日历特征的结果可以发现,周末消息和隔夜消息对市场相应时间段内的奈特不确定性有显著的影响。这反映了我国投资者过度依赖消息面,而忽视基本面和价值投资理念的特征,也说明我国市场存在内幕交易盛行的不良风气。

3.4 本章小结

随着我国经济的发展和改革开放的推进,我国股票市场在不到 30 年的时间内发展成全球主要的金融市场,成为我国经济建设和社会发展的动力和源泉。然而,由于发展历史较短,市场设计和金融监管存在不足,加上我国经济体制也不太健全,我国股票市场具有明显的缺陷。本章的结果表明,相比于发达国家的市场,我国市场的奈特不确定性比较高,这一结果符合我国市场新兴经济体的特征。从样本的月平均奈特不确定性来看:一月份的奈特不确定性最大,说明我国投资者对未来几个月内年报披露的担忧;二月份次之,这可能与我国春节的影响有关;三月份有明显的下降趋势,表现出我国市场的"政策市"特征。若剔除周一的数据,发现平均奈特不确定性显著减少,这表明我国市场中周末累积的利好或利空消息给周一的市场带来更多的不确定性(如我国金融市场的一些政策调整类消息都选择在周末发布)。但剔除其他工作日数据后,变化不是很明显,这也说明周二到周五间的消息比较平稳。另外,结果表明,我国市场中早盘的奈特不确定性较高,这说明早盘交易与隔夜效应的影响有关。这些结果都反映了我国市场中投资者过度依赖消息面,忽视公司的基本面和价值。

第4章 我国投资者奈特不确定性下的
行为特征

本章主要考察我国市场中奈特不确定性与股票溢价的关系特征,并从中发掘我国投资者对奈特不确定性的态度的模式。结果表明:奈特不确定性溢价对我国市场溢价有显著的影响,而风险溢价对市场溢价的影响则不显著;我国投资者的奈特不确定性态度与盈利收益概率呈平缓的倒 S 形关系特征;我国投资者的奈特不确定性厌恶和喜好程度明显高于美国市场。

4.1 引言

不确定性下的决策理论最早可追溯到 Morgenstern 和 Neumann 于 1944 年所提出的期望效用理论,其假设概率是已知的。Savage(1954)将 Ramsey(1931)和 Finetti(1931)推崇的主观概率理论与期望效用理论融合,得到了主观期望效用理论(Anscombe & Aumann,1963)。此理论受到 Ellsberg 悖论的挑战,人们不得不重新审视奈特不确定性,并寻求能够处理奈特不确定性的一般性理论工具。到 20 世纪 80 年代末期,涌现出了一系列考虑奈特不确定性的效用模型:多重概率效用模型(Schmeidler,1989;Gilboa & Schmeidler,1989;Ghirardato et al,2004;Jaffray,1989)、光滑模型(Klibanoff et al,2005)。最近,Izhakian(2017)提出了不确定概率期望效用模型。由于奈特不确定性在决策中很重要,很多金融和经济研究(Guidolin & Rinaldi,2012;Dow & Werlang,1992;Gollier,2011;Chen et al,2002)利用奈特不确定性来解释传统理论框架下的一些市场异象,如市场中断、有限参与、股票溢价过高、组合分散不够等。

正如风险态度那样,对奈特不确定性的态度也是值得关注的。在多重概率效用模型中,对一个行动进行评估时只考虑最坏情形(取 min),实际上就是一种奈特不确定性厌恶的极端表现。在 α-多重概率效用模型(Jaffray,1989)中,α 的大小反映了对奈特不确定性的态度。但这些都是理论讨论中具体设定的态度模式。与奈特不确定性的测度一样,对奈特不确定性态度的实证研究也存在极大的困难。受行为实验的启发,很多实证研究(Chew et al,2008;Ahn et al,2014;Bossaerts,2010;Potamites & Zhang,2012)通过比较奈特不确定事件和非奈特不确定事件相关的行为实验结果,来拟合 α-多重概率效用模型中的 α,以探索奈特不确定性的态度模式。从实践的角度来说,对实际决策者进行类似的奈特不确定性态度评估是不现实的(张顺明,2016)。由于事件类型具有多样性,概率大小不一,奈特不确定性也将表现出很大的差异。Abdellaoui 等人(2011)的研究表明奈特不确定性态度模式呈现多样性,除了奈特不确定性厌恶,还存在奈特不确定性迟钝(insensitivity)的现象。可见,上述仅仅用一个 α 来研究奈特不确定性态度的方法显然存在不足。因此,考虑奈特不确定性态度的多样性是十分有必要的。

最近,Izhakian(2017)提出了不确定概率期望效用模型。从该模型的形式来看(见公式 2-1),这种效应的计算既区分了风险和奈特不确定性,也区分了奈特不确定性与奈特不确定性态度。其中的展望函数代表了奈特不确定性态度,类似于代表风险的效用函数。该函数的凹凸性分别代表奈特不确定性厌恶、中性(或喜好)态度。这一模型的提出正好顺应了 Abdellaoui 等人(2011)的研究结论,既为奈特不确定性对资产定价影响的研究提供了理论基础,也为奈特不确定性态度的实证研究提供了框架思路。基于此,Brenner 和 Izhakian(2018)提出了一种利用市场收益率数据测度奈特不确定性和评估奈特不确定性态度的实证方法。该方法只考虑概率层面的不确定性,独立于收益率的大小,因而所得的奈特不确定性测度也独立于风险。该研究将标普500指数的交易所交易基金 SPDR 当作美国市场组合,发现考虑奈特不确定性及其态度有助于解释风险—收益关系,并从中发掘了奈特不确定性态度与盈利收益概率间平缓的倒 S 形模式。这正好验证了 Abdellaoui 等人(2011)得出的奈特不确定性态度具有多样性的结论。

我国的市场发展时间短,市场机制不太完善,具有明显的新兴经济体市场特征(O'Hara,2001)。相对于美国发达市场而言,我国市场的奈特不确定性效应及其态度模式具有独特性。国内很多学者(应理建、汪丁丁,2017;李心丹,2005;陈彦斌、周业安,2004;何俊勇、张顺明,2017)从行为理论和分析的角度,对奈特不确定性或不确定性理论进行了系统的论述和总结。何俊勇和张顺明 (2017)通过构造理性预期均衡模型,研究了奈特不确定性厌恶的投资者具有光滑奈特不确定性偏好的资产定价问题。丛明舒(2017)以消费资产定价模型 (CCAPM)为基础,研究得到期权的隐含波动率是风险和奈特不确定性双重因素的叠加,可以将隐含波动率——已实现波动率的比值作为市场奈特不确定性的测度指标;将期权价格隐含的风险中性概率分布和已实现概率分布的均值差作为奈特不确定性厌恶测度的指标。但这些方法都停留在理论层面,在实证中的有效性还有待验证。鉴于此,本章尝试以我国股票市场为基础,探究我国市场中的奈特不确定性态度模式和特征及其对市场溢价的影响,提供奈特不确定性对我国股票市场影响的实证证据,为我国金融市场的市场监管和风险管理提供参考。

4.2　实证分析结果

在以下的分析中依然采用 3.2 节中上证综合指数相关的数据。

在表示风险、奈特不确定性和收益关系的公式 2 - 4 中,奈特不确定性态度通过下式表示:

$$E[\eta\{1 - E[P(r)]\}] = E\left(-\frac{Y''\{1 - E[P(r)]\}}{Y'\{1 - E[P(r)]\}}\right)$$

$$= -\int E[\varphi(r)]\frac{Y''\{1 - E[P(r)]\}}{Y'\{1 - E[P(r)]\}}dr. \quad (4 - 1)$$

由于函数 Y 未知,因此无法准确得到 η 的具体表达式。为了得到 η 的形式,Brenner 和 Izhakian(2018)将资产收益分为亏损收益和盈利收益(相对于无风险收益)。注意 $P(r)$ 表示的是收益不超过 r 的概率,故在奈特不确定性—收益关系中投资者的奈特不确定性态度效应可由与期望盈利收益概率 $P^f = 1 - E(P(r))$ 相关的 $E[\eta\{1 - E[P(r)]\}] = \eta(P^f)$ 决定。表 3 - 1 显示,我国市场的平均盈利收益概率范围为 0.4509—0.5466。为了获得非对称的奈特不确定性态度,采用以下离散方式推导 η 的形式。根据 Brenner 和 Izhakian(2018)的方法,将盈利概率范围划分成以下 10 个小区间 $D_i = [0.46 + 0.008(i - 1), 0.46 + 0.008i]$($i = 1, 2, \cdots, 10$)。小于 0.46 的平均盈利收益纳入第一个区间 D_1,大于 0.54 的平均盈利收益纳入第 10 个区间 D_{10}。构造 10 个虚拟变量 D_{it},即 $D_{it}(P_t^f)$

$$= \begin{cases} 1, P_t^f \in D \\ 0, 其他 \end{cases}。根据公式 2-4，可以得到如下离散形式的实证模型：$$

$$r_t - r_{f,t} = \alpha + \gamma \times v_t^2 + \eta_1 \times \mho_t^2 \times \vartheta_t + \sum_{i=2}^{10} \eta_i \times (D_{i,t} \times P_i^f \times \mho_t^2 \times \vartheta_t) + \varepsilon_t.$$

$$(4-2)$$

其中的 P_i^f 是区间 D_i 的中点。与常数风险态度不一样，奈特不确定性态度随盈利收益概率变化而变化。区间 D_1 对应的奈特不确定性态度 $\eta(P_1^f)$ 视为 $\hat{\eta}_1$；其他区间 $D_i(i \geq 2)$ 对应的奈特不确定性态度 $\eta(P_i^f)$ 可视为 $\hat{\eta}_1 + \hat{\eta}_i$。$\eta(P_i^f)$ <0 意味着奈特不确定性喜好；$\eta(P_i^f)$ >0 则意味着奈特不确定性厌恶。奈特不确定性厌恶或喜好的程度直接与 η_i 的绝对值成正比。这一离散化过程，一方面给出了资产定价分析模型，另一方面给奈特不确定性态度的实证分析提供了方法。

由于模型的离散化，所获得的奈特不确定性态度只能得到有限个值。为此，考虑以下连续形式的实证模型：

$$r_t - r_{f,t} = \alpha + \gamma \times v_t^2 + \eta \times (\mho_t^2 \times \vartheta_t) + \eta_s \times (P_t^f \times \mho_t^2 \times \vartheta_t) + \varepsilon_t. \qquad (4-3)$$

实际上，连续模型假设了奈特不确定性态度与盈利收益概率 P_t^f 呈线性关系。

首先用普通最小二乘法（ordinary least square，简称 OLS）来估计模型。所有回归方程中的被解释变量都是上证指数的月超额收益。由于残差项可能存在自相关和异方差，所以采用异方差自相关稳健的标准误方法（Newey-West 方法）。离散模型的回归系数的估计结果见表 4-1 的 A 部分。为了突出奈特不确定性对收益的影响，分别进行如下 4 个回归方程的估计：

ⅰ）只考虑风险—溢价关系，即解释变量仅为 v_t^2，其估计系数是 -1.49。这个结果有悖于风险厌恶下的风险溢价与风险间的关系。这意味着在溢价中可能包含其他影响溢价的非风险因素。

ⅱ）只考虑奈特不确定性 $\mho^2$，其估计系数是不显著的负值，且其绝对值很小。在本文中，奈特不确定性测度 $\mho^2$ 从其定义的角度是完全独立于资产收益结果的，与风险无关。该结果表明，直接用奈特不确定性测度取代风险，也无法解释经典的风险—溢价关系。这正好说明了本文中奈特不确定性测度独立于风险这一性质。从奈特不确定性是非风险的不确定性的角度看，该结果还说明

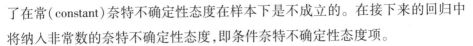

了在常(constant)奈特不确定性态度在样本下是不成立的。在接下来的回归中将纳入非常数的奈特不确定性态度,即条件奈特不确定性态度项。

ⅲ)只考虑条件奈特不确定性态度项,其他奈特不确定性项估计系数都是显著的。从溢价的解释性来看,奈特不确定性态度是异质的。另外截距项系数是不显著的,可决系数超过 0.6。当然,由公式 2-4 可知,仅考虑奈特不确定性是不够的。

ⅳ)在ⅲ的基础上纳入风险项。结果显示,奈特不确定性项估计系数与ⅲ的类似(见表 4-1 的 A 部分)。且自相关的 BG 检验结果显示,残差在滞后 5 阶内没有自相关(注:一阶时的 p 值为 0.0373)。风险项的估计系数是 -1.449,但是不显著。这(风险喜好态度)有悖于通常的常数风险厌恶假设,其不显著正说明在纳入奈特不确定性因素后,风险在不确定溢价中效应较弱,而奈特不确定性影响则占据主导地位。这结果类似于 Anderson 等人(2009)的结论。表 4-1 的 B 部分是每个盈利收益概率区间对应的奈特不确定性态度的估计。图 4-2 中左边部分的①是估计的盈利收益概率相关的奈特不确定性态度,②是其三次多项式拟合曲线。从这些图表可以发现:当盈利收益概率小于 0.49 时,奈特不确定性态度 $\eta(P_i)$ 为负,此时表现出奈特不确定性喜好;当盈利收益概率大于 0.49 时,奈特不确定性态度 $\eta(P_i)$ 为正,此时表现出奈特不确定性厌恶。从拟合的结果来看,盈利收益概率为 0.49 时是奈特不确定性态度的转折点:当盈利收益概率大于 0.49 时,表现出奈特不确定性厌恶,而且奈特不确定性厌恶程度与盈利收益概率呈现出递增的变化趋势;当盈利收益概率小于 0.49 时,表现出较弱的奈特不确定性喜好,且喜好程度与盈利收益概率呈递减趋势。综合可知,奈特不确定性态度呈现异质性且具有非明显的对称性;奈特不确定性态度系数与盈利收益概率呈倒 S 形的函数关系,这与 Abdellaoui 等人(2011)的结果类似。与美国市场的结果(Brenner & Izhakian,2018)对比,我国投资者的奈特不确定性厌恶程度很高,而且盈利收益概率的边际效应很大。这说明我国投资者整体不成熟,对奈特不确定性的态度不平稳。

接下来,以 $\dfrac{1}{v_t + \bar{v}_t}$ 为权重,用加权最小二乘法(WLS)重新进行估计。所得结果见表 4-2 和图 4-1 的右图,可以发现所得结果与 OLS 的方法相差不大,奈特不确定性态度的模式与上述类似。

表 4 - 1 离散模型 4 - 2 的 OLS 回归相关参数估计结果

	$\hat{\gamma}$	$\hat{\theta}$	$\hat{\eta}_1$	$\hat{\eta}_2$	$\hat{\eta}_3$	$\hat{\eta}_4$	$\hat{\eta}_5$	$\hat{\eta}_6$	$\hat{\eta}_7$	$\hat{\eta}_8$	$\hat{\eta}_9$	$\hat{\eta}_{10}$	α	r^2
								Panel A						
1	-1.490* (-1.65)												0.0130** (2.01)	0.0183
2		-0.00882 (-1.107)											0.0155* (1.797)	0.0076
3			-3.928*** (-7.26)	4.245** (2.08)	-0.720 (-0.54)	3.419* (1.92)	4.736*** (3.94)	7.824*** (4.57)	9.823*** (7.10)	11.21*** (8.49)	18.66*** (10.50)	22.46*** (6.27)	0.00286 (0.61)	0.6425
4			-3.675*** (-6.45)	4.687** (2.26)	-0.247 (-0.17)	3.555* (1.93)	5.579*** (3.65)	8.545*** (4.84)	10.16*** (6.48)	11.49*** (7.88)	19.21*** (9.78)	23.13*** (6.07)	0.00280 (0.60)	0.6469
								Panel B						
P			0.46—0.468	0.468—0.476	0.476—0.484	0.484—0.492	0.492—0.5	0.5—0.508	0.508—0.516	0.516—0.524	0.524—0.532	0.532—0.54		
3			-3.928	0.317	-4.648	-0.509	0.808	3.896	5.895	7.282	14.732	18.532		
4			-3.675	1.012	-3.922	-0.12	1.904	4.87	6.485	7.815	15.535	19.455		

表 4 - 2 离散模型 4 - 2 的 WLS 回归相关参数估计结果

	$\hat{\gamma}$	$\hat{\theta}$	$\hat{\eta}_1$	$\hat{\eta}_2$	$\hat{\eta}_3$	$\hat{\eta}_4$	$\hat{\eta}_5$	$\hat{\eta}_6$	$\hat{\eta}_7$	$\hat{\eta}_8$	$\hat{\eta}_9$	$\hat{\eta}_{10}$	α	r^2_a	r^2
1	-1.136 (-1.11)												0.0101** (2.01)	0.0044	0.0090
2		-0.00415 (-0.57)											0.00957 (1.53)	-0.0026	0.0020
3			-4.456*** (-4.46)	4.434 (1.44)	-0.0118 (-0.01)	4.047 (1.64)	5.779*** (2.72)	8.763*** (3.70)	11.10*** (5.22)	12.58*** (5.98)	20.02*** (8.31)	24.06*** (6.30)	0.00356 (0.85)	0.5970	0.6185
4			-4.220*** (-4.48)	4.857 (1.52)	0.370 (0.16)	4.133* (1.67)	6.472*** (2.64)	9.355*** (3.71)	11.38*** (5.02)	12.81*** (5.82)	20.47*** (7.86)	24.64*** (6.04)	0.00389 (0.95)	0.5982	0.6187
								Panel B							
P			0.46—0.468	0.468—0.476	0.476—0.484	0.484—0.492	0.492—0.5	0.5—0.508	0.508—0.516	0.516—0.524	0.524—0.532	0.532—0.54			
3			-4.456	-0.022	-4.4678	-0.409	1.323	4.307	6.644	8.124	15.564	19.604			
4			-4.22	0.637	-3.85	-0.087	2.252	5.135	7.16	8.59	16.25	20.42			

注：圆括号内的数据为 t 统计量；*、**、*** 代表 10%、5%、1% 的显著性水平。下同。

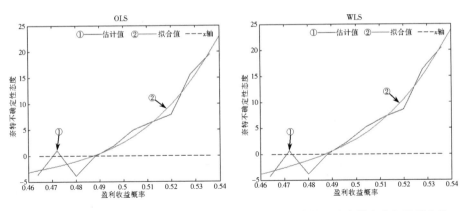

图 4 - 1　模型 4 - 2 的 OLS(左)和 WLS(右)估计得到的奈特不确定性态度与盈利收益概率的估计和拟合图

由于离散模型的结果可能与盈利收益概率区间的划分有关,而且只能得到奈特不确定性态度与盈利收益概率的大致形式,线性关系还不是很明确,因此考虑估计连续模型 4 - 3。同样地,分别用 OLS 和 WLS 进行回归,并采用 Newey-West 方法进行估计,所得结果见表 4 - 3。可见,风险项系数为负且不显著(OLS 的为 - 1.254;WLS 的为 - 0.921)。这两种回归方法的结果显示:当盈利收益概率 P 大于或等于 $-\dfrac{\hat{\eta}}{\eta_s} = 0.4979$ 或 0.4996 时,呈现出奈特不确定性厌恶;反之,则呈现出奈特不确定性喜好。由于连续模型设定了奈特不确定性态度关于盈利收益概率的线性假设,结论的说服力和准确性不足,连续模型无法描述奈特不确定性厌恶和喜好的非对称性,因此可能会高估奈特不确定性喜好程度或低估奈特不确定性厌恶程度。故本章主要关注离散模型的结论,连续模型仅供参考。

表 4 - 3　连续模型 4 - 3 分别用 *OLS* 和 *WLS* 的估计结果

	$\hat{\alpha}$	$\hat{\gamma}$	$\hat{\theta}$	$\hat{\eta}$	$\hat{\eta}_s$	R^2	$adj - R^2$
Panel A:OLS							
1	0.0130** (2.01)	- 1.490* (- 1.65)				0.0183	0.0137
2	0.0155* (1.80)		- 0.00882 (- 1.11)			0.0076	0.0030
3	0.00395 (0.59)			- 61.31*** (- 5.36)	122.3*** (5.48)	0.4930	0.4882

续表 4 – 3

	$\hat{\alpha}$	$\hat{\gamma}$	$\hat{\theta}$	$\hat{\eta}$	$\hat{\eta}_s$	R^2	$adj-R^2$
4	0.00367 (0.56)	– 1.254 (– 0.58)		– 61.59*** (– 5.62)	123.7*** (5.91)	0.4971	0.4900
			Panel B：WLS				
1	0.0101** (2.01)	– 1.136 (– 1.11)				0.0090	0.0044
2	0.00957 (1.53)		– 0.00415 (– 0.57)			0.0020	– 0.0026
3	0.00403 (0.81)			– 70.81*** (– 6.15)	141.1*** (6.29)	0.5016	0.4969
4	0.00418 (0.87)	– 0.921 (– 0.41)		– 70.85*** (– 6.26)	141.8*** (6.56)	0.5034	0.4963

4.3　稳健性分析

上述模型的估计结果表明,奈特不确定性溢价在市场溢价中占据主导地位,而风险溢价效应不显著;且奈特不确定性态度系数与盈利收益概率呈倒 S 形的函数关系。本部分主要检验这些结果是否会受其他因素的影响。

4.3.1　其他的风险测度方法

这里涉及的各种形式的日波动率从 RESSET 获取,符号及其说明见表 4 – 4。这些波动率在应用中被转化为相应的月波动率。

表 4 – 4　各种日波动率的符号及其说明

1	Garch	基于 Garch(1,1)计算的波动率
2	Lg_Garch	对数收益的基于 Garch(1,1)计算的波动率
3	Sma20	20 日简单移动平均的波动率
4	Lg_Sma20	对数收益的 20 日简单移动平均的波动率
5	Sma60	60 日简单移动平均的波动率
6	Lg_Sma60	对数收益的 60 日简单移动平均的波动率
7	Sma120	120 日简单移动平均的波动率

续表 4 - 4

8	Lg_Sma120	对数收益的 120 日简单移动平均的波动率
9	Ewma	指数加权移动平均的波动率
10	Lg_Ewma	对数收益的指数加权移动平均的波动率

表 4 - 5　离散模型 4 - 2 用不同风险测度的 OLS 估计的参数结果

	$\hat{\gamma}$	$\hat{\eta}_1$	$\hat{\eta}_2$	$\hat{\eta}_3$	$\hat{\eta}_4$	$\hat{\eta}_5$	$\hat{\eta}_6$	$\hat{\eta}_7$	$\hat{\eta}_8$	$\hat{\eta}_9$	$\hat{\eta}_{10}$
(1)	-2.326	-3.665 * * *	5.207 * *	0.702	4.358 *	6.710 * * *	9.244 * * *	11.07 * * *	12.01 * * *	20.11 * * *	23.40 * * *
(2)	-2.793	-3.683 * * *	5.224 * *	0.82	4.442 *	6.933 * * *	9.353 * * *	11.21 * * *	12.07 * * *	20.22 * * *	23.36 * * *
(3)	-2.7	-3.860 * * *	5.093 * *	0.378	4.238 *	6.711 * * *	9.147 * * *	11.13 * * *	12.10 * * *	19.98 * * *	22.95 * * *
(4)	-2.833	-3.851 * * *	5.107 * *	0.451	4.288 *	6.842 * * *	9.228 * * *	11.20 * * *	12.13 * * *	20.05 * * *	22.96 * * *
(5)	-0.748	-3.922 * * *	4.424 *	-0.438	3.562	5.148 * * *	8.110 * * *	10.10 * * *	11.42 * * *	19.04 * * *	22.56 * * *
(6)	-0.776	-3.921 * * *	4.428 *	-0.425	3.569	5.169 * * *	8.124 * * *	10.11 * * *	11.43 * * *	19.06 * * *	22.57 * * *
(7)	-0.673	-3.920 * * *	4.377 *	-0.508	3.533	4.988 * * *	8.012 * * *	10.02 * * *	11.37 * * *	18.91 * * *	22.52 * * *
(8)	-0.697	-3.919 * * *	4.381 *	-0.5	3.540	5.001 * * *	8.022 * * *	10.03 * * *	11.37 * * *	18.93 * * *	22.53 * * *
(9)	-2.434	-3.841 * * *	4.928 * *	0.271	4.037 *	6.264 * * *	8.871 * * *	10.89 * * *	11.92 * * *	19.85 * * *	23.00 * * *
(10)	-2.59	-3.830 * * *	4.954 * *	0.352	4.087 *	6.394 * * *	8.950 * * *	10.96 * * *	11.95 * * *	19.93 * * *	23.01 * * *

接下来分别用这些风险测度替换前述离散模型的风险,得到相应的 OLS 参数估计(见表 4 - 5),其中风险项估计系数除 Lg_Garch 和 Lg_Sma20(弱显著性)外都是不显著的。尽管如此,这 10 种情形下的奈特不确定性态度与盈利收益概率的关系模式与之前保持一致,且数值差异不大。从奈特不确定性态度与盈利收益概率的拟合图(见图 4 - 4)中可见,风险测度的选择不会影响奈特不确定性态度的模式特征,其与盈利收益概率的趋势基本一致。奈特不确定性态度发生变化的转折点在 0.48 到 0.49 之间,当盈利收益概率超过转折点时,表现出奈特不确定性厌恶,且厌恶程度随盈利收益概率递增;反之,则表现出程度较弱的奈特不确定性喜好,且模糊态度的非对称性比较明显。分别用 WLS 方法进行估计,可以得到类似的结果(拟合图见图 4 - 2 的右边部分)。鉴于分析结果不受风险测度的影响,故在接下来的分析中仍然采用公式 3 - 1 计算收益的波动率。

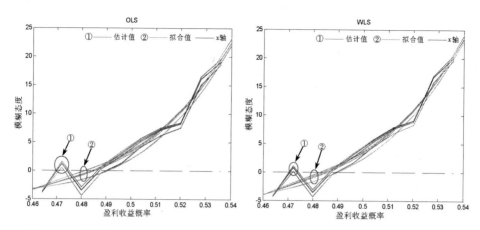

图 4-2　离散模型 4-2 用不同风险测度的模糊态度与盈利收益概率的估计和拟合图

4.3.2　奈特不确定性测度的可靠性

首先,验证奈特不确定性测度 $\mathcal{U}^2$ 是否是其他影响收益因素(如月内日收益的偏度 $skew$ 和峰度 $kurt$)的代理变量。由于 $\mathcal{U}^2$ 独立于收益,只与和收益对应的概率相关,而 $skew$ 和 $kurt$ 都是收益的函数,因此 $\mathcal{U}^2$ 应该独立于 $skew$ 和 $kurt$。在相关性分析(见表 4-6)中, $\mathcal{U}^2$ 与 $skew$ 和 $kurt$ 的相关性很低。

表 4-6　各变量间的相关性分析结果

	$r - r_f$	v_t^2	ϑ	P^f	$\mathcal{U}^2$	$skew$	$kurt$	$volm$	$volv$
$r - r_f$	1								
v_t^2	-0.135	1							
	(0.0469)								
ϑ	-0.164	0.832	1						
	(0.0161)	(0.00)							
P^f	0.824	-0.0568	-0.0726	1					
	(0.00)	(0.406)	(0.288)						
$\mathcal{U}^2$	-0.0873	0.620	0.767	-0.110	1				
	(0.202)	(0.00)	(0.00)	(0.107)					
$skew$	0.0125	0.0356	0.0180	-0.235	-0.0410	1			
	(0.855)	(0.603)	(0.792)	(0.0005)	(0.549)				
$kurt$	0.0908	0.00860	-0.0407	0.0789	0.199	-0.182	1		
	(0.184)	(0.900)	(0.552)	(0.248)	(0.0034)	(0.0073)			
$volm$	-0.186	0.885	0.949	-0.0850	0.700	0.0275	0.0368	1	
	(0.0062)	(0.00)	(0.00)	(0.213)	(0.00)	(0.688)	(0.591)		
$volv$	0.0447	0.218	0.174	-0.117	0.304	0.278	0.276	0.212	1
	(0.514)	(0.0013)	(0.0102)	(0.0855)	(0.00)	(0.00)	(0.00)	(0.0017)	

将 *skew* 和 *kurt* 分别加入模型 4 - 2 中,从其 OLS 估计结果(见表 4 - 2)来看,*kurt* 的系数是不显著的,但 *skew* 的系数是显著的,这说明 *skew* 在解释市场溢价中有显著的作用,但并不影响奈特不确定性溢价和奈特不确定性态度与盈利概率的关系模式(见图 4 - 3)。WLS 估计的结果与 OLS 的类似。将这两个因素分别加到连续模型 4 - 3 中,并分别用 OLS 和 WLS 进行估计,估计结果见表4 - 8。其中,这两个因素相应的系数都是显著的。但加入这些因素并不影响连续模型下奈特不确定性溢价和奈特不确定性态度与盈利概率的关系模式。

表 4 - 7　在离散模型 4 - 2 的基础上分别控制 *skew*、*kurt*、

volm、*volv* 后的 OLS 参数的估计结果

	(1)	(2)	(3)	(4)	(5)
$\hat{\gamma}$	- 1. 367	- 1. 354	0. 128	- 0. 951	0. 131
	(- 1. 03)	(- 0. 95)	(0. 07)	(- 0. 72)	(0. 08)
$\hat{\eta}_1$	- 3. 345 ***	- 3. 832 ***	- 3. 216 ***	- 3. 792 ***	- 3. 250 ***
	(- 4. 34)	(- 6. 29)	(- 6. 22)	(- 6. 48)	(- 4. 19)
$\hat{\eta}_2$	3. 307	4. 865 **	6. 103 ***	2. 871	3. 432
	(1. 33)	(2. 35)	(3. 31)	(1. 18)	(1. 26)
$\hat{\eta}_3$	- 1. 224	0. 0730	1. 707	- 0. 423	0. 390
	(- 0. 65)	(0. 05)	(1. 08)	(- 0. 29)	(0. 21)
$\hat{\eta}_4$	3. 115	3. 804 **	4. 631 ***	3. 517 *	4. 094 **
	(1. 50)	(2. 03)	(2. 67)	(1. 91)	(2. 07)
$\hat{\eta}_5$	4. 830 **	5. 886 ***	7. 039 ***	5. 290 ***	5. 995 ***
	(2. 52)	(3. 68)	(4. 59)	(3. 61)	(3. 26)
$\hat{\eta}_6$	7. 696 ***	8. 743 ***	10. 38 ***	7. 591 ***	8. 631 ***
	(3. 79)	(4. 91)	(5. 57)	(4. 92)	(4. 48)
$\hat{\eta}_7$	10. 08 ***	10. 32 ***	11. 79 ***	10. 01 ***	11. 28 ***
	(5. 43)	(6. 19)	(7. 74)	(6. 50)	(6. 25)
$\hat{\eta}_8$	11. 33 ***	11. 55 ***	13. 25 ***	11. 39 ***	12. 58 ***
	(6. 43)	(7. 76)	(8. 57)	(7. 96)	(7. 03)
$\hat{\eta}_9$	18. 84 ***	19. 47 ***	20. 42 ***	18. 99 ***	19. 79 ***
	(8. 08)	(9. 88)	(9. 59)	(9. 91)	(8. 42)

续表 4 - 7

	(1)	(2)	(3)	(4)	(5)
$\hat{\eta}_{10}$	23.02***	23.31***	23.87***	22.86***	23.54***
	(5.66)	(6.22)	(6.31)	(6.11)	(6.01)
$\hat{\beta}_{skew}$	0.0176***				0.0163***
	(3.92)				(3.60)
$\hat{\beta}_{kurt}$		0.00402			0.00335
		(1.51)			(1.30)
$\hat{\beta}_{volm}$			-107.7*		-76.28
			(-1.95)		(-1.41)
$\hat{\beta}_{volv}$				0.000433***	0.000270**
				(3.51)	(2.03)
α	0.00318	-0.0107	0.00287	0.00384	-0.00739
	(0.66)	(-1.03)	(0.62)	(0.83)	(-0.84)
R^2	0.6726	0.6511	0.6605	0.6778	0.7031

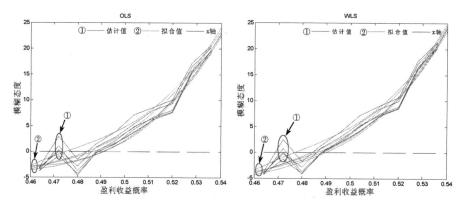

图 4 - 3 离散模型 4 - 2 分别加入 *skew*、*kurt*、*volm*、*volv* 后的模糊态度
与盈利收益概率的估计和拟合图

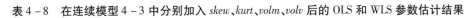

表 4 - 8　在连续模型 4 - 3 中分别加入 *skew*、*kurt*、*volm*、*volv* 后的 OLS 和 WLS 参数估计结果

	(1)	(2)	(3)	(4)	(5)
A:OLS 参数估计结果					
$\hat{\gamma}$	- 1.523	- 1.064	1.400	- 1.031	1.046
	(- 0.76)	(- 0.50)	(0.55)	(- 0.57)	(0.50)
$\hat{\eta}$	- 66.10***	- 61.42***	- 62.72***	- 68.56***	- 71.21***
	(- 6.41)	(- 5.66)	(- 6.20)	(- 6.89)	(- 8.07)
$\hat{\eta}_S$	133.0***	123.2***	129.6***	136.7***	145.5***
	(6.78)	(5.92)	(6.77)	(7.18)	(8.82)
$\hat{\beta}_{skew}$	0.0207***				0.0174***
	(4.28)				(3.96)
$\hat{\beta}_{kurt}$		0.00526*			0.00297
		(1.76)			(1.12)
$\hat{\beta}_{volm}$			- 165.4***		- 140.9**
			(- 2.84)		(- 2.35)
$\hat{\beta}_{volv}$				0.000645***	0.000459**
				(3.68)	(2.19)
$\hat{\alpha}$	0.00468	- 0.0139	0.00310	0.00657	- 0.00380
	(0.73)	(- 1.07)	(0.49)	(1.08)	(- 0.37)
r^2	0.5350	0.5045	0.5355	0.5775	0.6229
$adj - r^2$	0.5261	0.4951	0.5267	0.5695	0.6102
B:WLS 参数估计结果					
$\hat{\gamma}$	- 1.162	- 0.818	1.497	- 0.812	1.005
	(- 0.54)	(- 0.37)	(0.58)	(- 0.43)	(0.45)
$\hat{\eta}$	- 74.26***	- 70.60***	- 70.77***	- 77.91***	- 79.13***
	(- 6.78)	(- 6.25)	(- 6.72)	(- 7.91)	(- 8.62)
$\hat{\eta}_S$	148.9***	141.2***	145.1***	155.2***	160.7***
	(7.13)	(6.53)	(7.27)	(8.19)	(9.26)
$\hat{\beta}_{skew}$	0.0150***				0.0128***
	(3.48)				(3.03)

续表 4 - 8

$\hat{\beta}_{kurt}$		0.00354			0.00228
		(1.50)			(0.94)
$\hat{\beta}_{volm}$			-156.2**		-127.9*
			(-2.58)		(-1.97)
$\hat{\beta}_{volv}$				0.000726***	0.000575**
				(3.46)	(2.37)
$\hat{\alpha}$	0.00478	-0.00730	0.00523	0.00590	-0.000482
	(0.96)	(-0.75)	(1.07)	(1.31)	(-0.06)
r^2	0.5269	0.5073	0.5310	0.5682	0.6001
$adj-r^2$	0.5180	0.4980	0.5221	0.5600	0.5866

Brandt 和 Kang(2004)指出,奈特不确定性可能是风险或波动率的时变性所致,因此在模型回归中加入波动率的波动率($volv$),即由日内数据计算得到的所有日方差在一个月内的方差。$volv$ 与奈特不确定性的相关性为 0.304。在离散模型和连续模型的 OLS 和 WLS 估计中,其系数都是显著的,这只能说明它能够部分地解释市场溢价,但并没有削弱奈特不确定性效应,同时也不影响奈特不确定性态度与盈利收益概率间的关系。

在关于奈特不确定性的研究(Cao et al,2005;Garlappi et al,2007)中,还用收益均值的方差 $volm$ 来表示奈特不确定性。其与奈特不确定性的相关性为0.7,且在含有 $volm$ 的回归中,其系数也显著。值得一提的是,风险项估计系数是正的,但不显著。这意味着 $volm$ 不仅有助于解释市场溢价,也有助于解释常数绝对风险厌恶假设(但不显著)。尽管如此,$volm$ 依然不影响奈特不确定性 $\mho^2$ 的效应和奈特不确定性态度与盈利收益概率间的关系。

综上所述,$skew$、$kurt$、$volm$、$volv$ 都是基于收益率层面的一些因素,对市场溢价或多或少有一定的解释力,但并不妨碍奈特不确定性 $\mho^2$ 在市场溢价中的效应,也不影响离散模型或连续模型下关于奈特不确定性态度与盈利收益概率的关系特征。这正好印证了 $\mho^2$ 是独立于市场收益的奈特不确定性测度。

4.3.3　收益分布假设

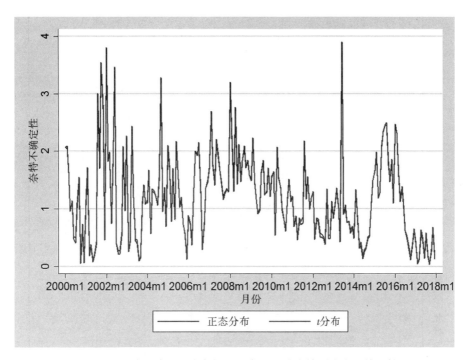

图 4 - 4　正态分布和 t 分布假设下奈特不确定性测度序列的比较

　　在前面的假定中,收益率的分布服从正态分布。由于收益率尖峰后尾的特征, t 分布的假设也比较合理,接下来考虑 t 分布的假定是否会影响我国市场的奈特不确定性态度模式的结论。为此,假设日内收益率服从带有位置、尺度参数的 t 分布——$t(\mu, \sigma, \nu)$,其中均值 μ 和标准差 σ 分别用样本均值和样本标准差估计,自由度 ν 采用最大似然法进行估计。在计算奈特不确定性时,仍将日收益率范围设定为 $[-6\%, 6\%]$,并分成 60 个长度为 0.2% 的小区间,每个小区间对应的概率和盈利收益概率的计算都基于所估计的 t 分布。从图 4 - 4 可知, t 分布假设下的奈特不确定性与正态性假设下的奈特不确定性几乎无差异;奈特不确定性的平方根 $\mho$ 的平均值为 1.0379。相应的盈利收益概率区间为 $[0.4510, 0.5447]$,因与正态假设下的相差不大,故概率区间 D_i 的划分不变。

　　利用所得的数据,分别对模型 4 - 2 进行 OLS 和 WLS 估计,结果见表 4 - 9 (A,B)。可见,风险溢价和奈特不确定性溢价对我国市场溢价的影响大致不变,

表 4-9 离散模型 4-2 在特定条件下的 WLS 和 OLS 估计结果

	$\hat{\gamma}$	$\hat{\eta}_1$	$\hat{\eta}_2$	$\hat{\eta}_3$	$\hat{\eta}_4$	$\hat{\eta}_5$	$\hat{\eta}_6$	$\hat{\eta}_7$	$\hat{\eta}_8$	$\hat{\eta}_9$	$\hat{\eta}_{10}$	α	r^2_a	r^2
A:上证指数收益率服从 t 分布下的估计系数														
OLS	-1.372 (-0.98)	-3.453*** (-7.38)	4.651*** (2.70)	-1.396 (-1.02)	2.973* (1.74)	5.010*** (3.85)	7.995*** (4.98)	9.504*** (6.82)	10.85*** (8.56)	18.29*** (10.37)	21.97*** (5.66)	0.00371 (0.80)	0.6416	0.6599
WLS	-1.251 (-0.81)	-3.691*** (-5.88)	4.292* (1.82)	-1.406 (-0.82)	2.975 (1.59)	5.336*** (3.22)	8.226*** (4.41)	10.19*** (6.27)	11.61*** (7.55)	19.03*** (9.67)	23.00*** (5.89)	0.00410 (1.01)	0.6166	0.6362
B:上证指数收益率服从 t 分布下的奈特不确定性态度的估计结果														
P		0.46—0.468	0.468—0.476	0.476—0.484	0.484—0.492	0.492—0.5	0.5—0.508	0.508—0.516	0.516—0.524	0.524—0.532	0.532—0.54			
OLS		-3.453	1.198	-4.849	-0.48	1.557	4.542	6.051	7.397	14.837	18.517			
WLS		-3.691	0.601	-5.097	-0.716	1.645	4.535	6.499	7.919	15.339	19.309			
C:上证 A 股指数服从正态分布下的估计系数														
OLS	-1.380 (-0.93)	-3.553*** (-7.35)	4.322** (2.26)	-0.708 (-0.56)	3.194* (1.88)	5.169*** (3.97)	8.306*** (5.10)	9.768*** (6.96)	11.15*** (8.54)	17.81*** (8.14)	22.79*** (6.15)	0.00390 (0.81)	0.6202	0.6396
WLS	-1.237 (-0.74)	-3.802*** (-5.94)	3.803 (1.47)	-0.680 (-0.43)	3.180* (1.72)	5.477*** (3.28)	8.540*** (4.49)	10.44*** (6.35)	11.94*** (7.54)	18.80*** (8.17)	23.74*** (6.42)	0.00451 (1.11)	0.5915	0.6124
D:上证 A 股指数服从正态分布下的奈特不确定性态度的估计结果														
P		0.46—0.468	0.468—0.476	0.476—0.484	0.484—0.492	0.492—0.5	0.5—0.508	0.508—0.516	0.516—0.524	0.524—0.532	0.532—0.54			
OLS		-3.553	0.769	-4.261	-0.359	1.616	4.753	6.215	7.597	14.257	19.237			
WLS		-3.802	0.001	-4.482	-0.622	1.675	4.738	6.638	8.138	14.998	19.938			

即奈特不确定性溢价占据主导地位。奈特不确定性态度与盈利收益概率的关系见图 4 - 5。

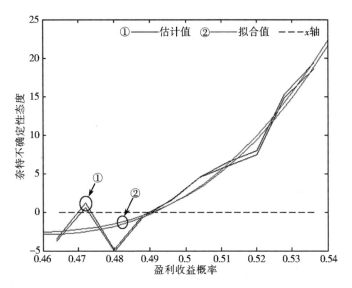

图 4 - 5　基于 t 分布的收益率分布假设下的奈特不确定性态度与盈利收益概率关系

其模式特征与正态性假定下的结论一致。综合可知,奈特不确定性测度和奈特不确定性溢价在市场溢价中的效应都不受收益率分布假设的影响。

4.3.4　其他的市场指数

本小节验证上述结果是否与特定的市场指数相关。上证 A 股指数 (SH000002)是由上海证券交易所编制的,其样本股是全部上市的 A 股,能够反映我国境内公司发行的普通股股票的整体价格变动情况。为此,将前面的样本数据更换为上证 A 股指数的五分钟数据。经计算,奈特不确定性的平均值为 1.188,与上证综指(SH000001)的奈特不确定性无显著差异。利用所得的变量数据对模型 4 - 2 进行估计[结果见表 4 - 9(C,D)],结果显示:奈特不确定性溢价在市场溢价中有显著的解释力,而风险溢价仍然不显著;所呈现的奈特不确定性态度与盈利收益概率的关系模式(见图 4 - 6)与图 4 - 2 相比无明显差异。对于连续模型 4 - 3,对比结果(未报告)发现,该模型的估计结果几乎不受市场指数的影响。在收益率为 t 分布的假设下,也可以得到与之前类似的结果。总之,市场指数的选取不会对本章结论产生影响,故接下来的分析仍沿用原样本。

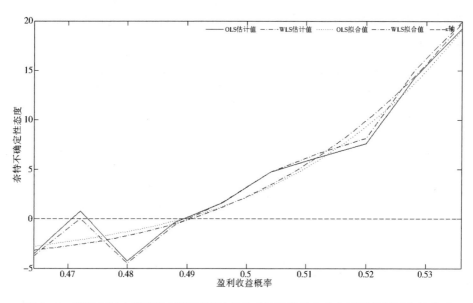

图 4 - 6　基于上证 A 股指数(SH000002)的奈特不确定性态度与盈利收益概率的关系

4.3.5　其他模型

这一节将基于风险和奈特不确定性下的其他决策模型和非常数的风险厌恶系数,考察奈特不确定性溢价对市场溢价的影响。

一、基于多重概率的 max-min 期望效用模型

本章的讨论基于不确定概率期望效用模型,该模型旨在提供一个风险和奈特不确定性并举的偏好表示方法。而不同的偏好表示方法所对应的决策规则不同,所提供的偏好排序也不同,由此导致不同的资产定价模式。在不确定概率期望效用模型中,先验概率集反映的是信念或者信息,与风险偏好或奈特不确定性偏好无关。这个方法与 Gilboa 和 Schmeidler 所提出的多重先验概率效用模型(MEU)的不同之处在于:其对应的多重先验概率集是信念和偏好的综合体现。尽管 MEU 中的多重先验概率集的离散程度与 EUUP 中的概率方差有很强的相关性,但 MEU 中概率集的离散程度并不是独立于奈特不确定性厌恶的单纯奈特不确定性的表征。由于其将信念和奈特不确定性态度混为一谈,因此MEU 无法推导其所蕴含的奈特不确定性厌恶。另外,MEU 排除了奈特不确定性喜好态度的可能性。为了体现奈特不确定性厌恶,MEU 的决策规则是基于先验概率集中最糟糕的概率,并不考虑整个集合的离散程度。Ghirardato 等人

（1988）将最佳概率和最糟糕概率结合提出的 α-MEU，并不考虑介于这两个极端间的概率信息。那么，作为奈特不确定性的一种表征方式，MEU 下的先验概率集的离散程度对我国市场的影响也值得关注。

以下考虑先验概率集的离散程度的三种常见形式：

ⅰ）先验概率集中两两相对熵的最大值（MRE）为：

$$MRE = \max_{F_a, F_b \in P} \left(\begin{array}{l} F_a(r_0)\ln\dfrac{F_a(r_0)}{F_b(r_0)} + \left[1 - F_a(r_{60})\right]\ln\dfrac{1 - F_a(r_{60})}{1 - F_b(r_{60})} \\ + \displaystyle\sum_{i=1}^{60}\left[F_a(r_i) - F_a(r_{i-1})\right]\ln\dfrac{F_a(r_i) - F_a(r_{i-1})}{F_b(r_i) - F_b(r_{i-1})} \end{array} \right).$$

ⅱ）最大 Kolmogorov-Smirnov 统计量（MKS）为：

$$MKS = \max_{F_a, F_b \in P} \left(\max_{0 \leq i \leq 60} \mid F_a(r_i) - F_b(r_i) \mid \right).$$

ⅲ）最大距离（MDS）为：

$$MDS = \max_{F_a, F_b \in P} \left(\begin{array}{l} \mid F_a(r_0) - F_b(r_0) \mid + \mid \left[1 - F_a(r_{60})\right] - \left[1 - F_b(r_{60})\right] \mid \\ + \displaystyle\sum_{i=1}^{60} \mid \left[F_a(r_i) - F_a(r_{i-1})\right] - \left[F_b(r_i) - F_b(r_{i-1})\right] \mid \end{array} \right).$$

其中：r_i 为公式 2 – 5 中收益区间的划分点；$F_a, F_b \in P$ 为先验概率集 P 中的分布函数。

表 4 – 10　在模型 4 – 2 的基础上控制 MEU 框架下的奈特不确定性

MRE、MKS、MDS 后的估计结果

	A:假设收益服从正态分布							
	OLS				WLS			
$\hat{\gamma}$	– 1. 379	– 1. 380	– 1. 095	– 0. 923	– 1. 295	– 1. 296	– 1. 136	– 1. 068
	（ – 0. 94）	（ – 0. 93）	（ – 0. 72）	（ – 0. 60）	（ – 0. 79）	（ – 0. 79）	（ – 0. 67）	（ – 0. 61）
$\hat{\eta}_1$	– 3. 831 * * *	– 3. 863 * * *	– 4. 155 * * *	– 4. 100 * * *	– 4. 323 * * *	– 4. 321 * * *	– 4. 511 * * *	– 4. 453 * * *
	（ – 6. 31）	（ – 5. 65）	（ – 5. 66）	（ – 5. 24）	（ – 4. 43）	（ – 4. 20）	（ – 4. 30）	（ – 4. 08）
$\hat{\eta}_2$	4. 998 * *	4. 958 * *	5. 364 * *	5. 219 * *	5. 101	5. 022	5. 308 *	5. 217
	（2. 43）	（2. 36）	（2. 60）	（2. 45）	（1. 59）	（1. 55）	（1. 66）	（1. 60）
$\hat{\eta}_3$	0. 205	0. 0935	0. 662	0. 509	0. 710	0. 562	0. 915	0. 840
	（0. 13）	（0. 05）	（0. 38）	（0. 29）	（0. 29）	（0. 22）	（0. 36）	（0. 33）
$\hat{\eta}_4$	3. 860 * *	3. 795 *	4. 248 * *	4. 208 * *	4. 371	4. 275	4. 574 *	4. 539 *
	（2. 03）	（1. 91）	（2. 14）	（2. 09）	（1. 71）	（1. 63）	（1. 74）	（1. 71）
$\hat{\eta}_5$	5. 945 * * *	5. 839 * * *	6. 306 * * *	6. 215 * * *	6. 753 * * *	6. 628 * *	6. 924 * * *	6. 871 * * *
	（3. 71）	（3. 44）	（3. 66）	（3. 53）	（2. 67）	（2. 56）	（2. 67）	（2. 62）

续表 4 - 10

	A:假设收益服从正态分布							
$\hat{\eta}_6$	8.879 ***	8.812 ***	9.278 ***	9.191 ***	9.621 ***	9.517 ***	9.831 ***	9.774 ***
	(4.82)	(4.48)	(4.72)	(4.59)	(3.72)	(3.57)	(3.68)	(3.62)
$\hat{\eta}_7$	10.64 ***	10.43 ***	11.05 ***	11.04 ***	11.74 ***	11.54 ***	11.91 ***	11.94 ***
	(6.30)	(5.95)	(6.30)	(6.45)	(4.95)	(4.80)	(4.94)	(4.99)
$\hat{\eta}_8$	11.84 ***	11.71 ***	12.28 ***	12.38 ***	13.07 ***	12.94 ***	13.29 ***	13.32 ***
	(7.67)	(7.25)	(7.36)	(7.54)	(5.74)	(5.59)	(5.67)	(5.72)
$\hat{\eta}_9$	19.72 ***	19.49 ***	20.15 ***	20.18 ***	20.84 ***	20.63 ***	21.02 ***	21.06 ***
	(9.58)	(9.35)	(9.30)	(9.30)	(7.78)	(7.64)	(7.71)	(7.75)
$\hat{\eta}_{10}$	23.58 ***	23.44 ***	23.96 ***	23.82 ***	24.96 ***	24.80 ***	25.11 ***	25.05 ***
	(6.07)	(6.02)	(6.14)	(6.12)	(6.02)	(5.97)	(6.05)	(6.01)
$\hat{\beta}_{MRE}$	0.00517			- 0.00290	0.00323			0.000945
	(1.41)			(- 0.43)	(0.90)			(0.14)
$\hat{\beta}_{MKS}$		0.0447		- 0.119		0.0223		- 0.0639
		(0.68)		(- 1.17)		(0.40)		(- 0.72)
$\hat{\beta}_{MDS}$			0.0261 *	0.0550 *			0.0140	0.0237
			(1.72)	(1.94)			(1.10)	(0.87)
$\hat{\alpha}$	- 0.00236	- 0.0113	- 0.0212	- 0.00726	0.000401	- 0.00314	- 0.00871	0.00169
	(- 0.34)	(- 0.49)	(- 1.32)	(- 0.25)	(0.07)	(- 0.17)	(- 0.66)	(0.07)
R^2	0.6489	0.6478	0.6528	0.6558	0.6200	0.6191	0.6209	0.6218
	B:假设收益服从 t 分布							
$\hat{\beta}_{MRE}$	0.00386			- 0.00251	0.00213			0.00052
	(1.02)			(- 0.39)	(0.63)			(0.09)
$\hat{\beta}_{MKS}$		0.0272		- 0.100		0.0104		- 0.0500
		(0.42)		(- 0.99)		(0.19)		(- 0.55)
$\hat{\beta}_{MDS}$			0.0188	0.0427			0.00877	0.0168
			(1.26)	(1.54)			(0.70)	(0.63)

表 4 - 11 在模型 4 - 3 的基础上控制 MEU 框架下的奈特不确定性
MRE、MKS、MDS 后的估计结果

	A:假设收益服从正态分布							
	OLS				WLS			
$\hat{\gamma}$	- 1.164	- 1.142	- 0.814	- 0.640	- 0.882	- 0.872	- 0.672	- 0.574
	(- 0.53)	(- 0.52)	(- 0.36)	(- 0.28)	(- 0.39)	(- 0.38)	(- 0.29)	(- 0.24)
$\hat{\eta}$	- 62.30 ***	- 61.84 ***	- 63.29 ***	- 64.03 ***	- 71.33 ***	- 70.97 ***	- 71.74 ***	- 72.14 ***
	(- 5.64)	(- 5.65)	(- 5.75)	(- 5.74)	(- 6.33)	(- 6.29)	(- 6.37)	(- 6.32)
$\hat{\eta}_S$	125.1 ***	124.0 ***	126.8 ***	128.4 ***	142.9 ***	142.0 ***	143.5 ***	144.3 ***
	(5.92)	(5.94)	(6.03)	(6.03)	(6.63)	(6.58)	(6.66)	(6.63)

续表 4 – 11

				A:假设收益服从正态分布				
$\hat{\beta}_{MRE}$	0.00542				− 0.00611	0.00351		− 0.000924
	(1.28)				(− 0.83)	(0.94)		(− 0.13)
$\hat{\beta}_{MKS}$		0.0535			− 0.138		0.0302	− 0.0740
		(0.72)			(− 1.09)		(0.51)	(− 0.75)
$\hat{\beta}_{MDS}$			0.0315 * *	0.0718 * *			0.0182	0.0349
			(1.98)	(2.14)			(1.40)	(1.15)
$\hat{\alpha}$	− 0.00156	− 0.0132	− 0.0251	− 0.0125	0.000454	− 0.00531	− 0.0122	− 0.00291
	(− 0.18)	(− 0.49)	(− 1.49)	(− 0.40)	(0.07)	(− 0.26)	(− 0.90)	(− 0.12)
R^2	0.4994	0.4985	0.5061	0.5114	0.5049	0.5039	0.5070	0.5085
				B:假设收益服从 t 分布				
$\hat{\beta}_{MRE}$	0.00624				− 0.00613	0.00387		− 0.00176
	(1.31)				(− 0.89)	(1.00)		(− 0.29)
$\hat{\beta}_{MKS}$		0.0667			− 0.101		0.0423	− 0.0487
		(0.89)			(− 0.79)		(0.69)	(− 0.47)
$\hat{\beta}_{MDS}$			0.0309 *	0.0630 *			0.0188	0.0322
			(1.88)	(1.89)			(1.41)	(1.08)

在多重概率模型中,只考虑奈特不确定性厌恶,但是并没有给出奈特不确定性的厌恶程度的具体形式。而在不确定概率效用模型中,奈特不确定性态度被看作关于盈利收益概率的函数。为了验证上述三个代表奈特不确定性的概率集离散度对定价的影响,将相应的指标直接加入模型 4 - 2 和模型 4 - 3 中,并分别进行估计,估计结果分别见表 4 - 3 和表 4 - 4。在这些回归中,除 $\hat{\beta}_{MDS}$ 在正态性假定下的 OLS 估计中有不稳健的显著性外,这三个指标系数都是不显著的,且风险溢价和 EUUP 框架下奈特不确定性溢价在市场溢价中的模式特征保持不变。这说明我国投资者不会按照 MEU 或 α-MEU 的准则进行投资决策。

另外,EUUP 可认为是主观期望效用模型的推广,即两阶段的主观期望效用:第一阶段针对的是概率,而第二阶段针对结果。当投资者的奈特不确定性态度是中性或其展望函数 Y 是线性时,两阶段的彩票就能线性地约简并能表示成经典的主观期望效用表示方法。在公式 2 - 4 中,市场溢价分成风险溢价和奈特不确定性溢价两个部分:前者是基于期望概率计算的结果方差的函数;后者是概率方差的函数。从 SEU 的角度来看,风险效应应该显著为正,而奈特不确定性效应则应不显著。但以上诸多表格中的回归结果都表明,奈特不确定性显著地影响了市场溢价,而风险溢价效应并不显著。这意味着,我国市场数据反映了我国投资者不具有主观期望效用形式的决策行为。

二、非常数的风险系数假设

模型 4-2 和 4-3 都假设投资者具有常数形式的绝对风险厌恶系数（CRRA）。本部分将放宽这一假设，按照模型 4-2 处理奈特不确定性态度类似的方法，尝试推导可能的风险态度模式，并考察其在溢价中的效应。

奈特不确定性态度通过关于期望概率的展望函数 Y 来体现，而风险态度则通过关于结果或财富的效用函数 U 来体现。假设市场中代表性投资者的财富相对于初始财富进行规范化处理，即利用时刻 t 的收益率 w_t 来估计时刻 t 的相对于样本初期的财富。以上证综指 2000 年 1 月的收盘价 p_1 为基准，计算第 t 个月的对数收益率 $w_t = \ln \dfrac{p_t}{p_1}$。经计算，$w_t$ 介于 -0.3696 和 1.3557 之间，对部分极端值进行缩尾处理后，相对财富的大致范围为 $[-0.3, 1.2]$。第一种处理方法就是将该区间分为 10 个长度为 0.15 的小区间 $C_j = [-0.3 + 0.15(j-1), -0.3 + 0.15j]$ $(1 \leqslant j \leqslant 10)$，并给每个区间 C_j 赋予一个虚拟变量 C_{jt}，则 $C_{jt}(w_t)$

$= \begin{cases} 1, w_t \in C_j \\ 0, 其他 \end{cases}$。将公式 4-2 中常数形式的相对风险厌恶系数替换为离散形式，可得：

$$r_t - r_{f,t} = \alpha + \gamma_1 \times v_t + \sum_{j=2}^{10} \gamma_j \times (C_{jt} \times w_j \times v_t) + \eta_1 \times \mho_t^2 \times \vartheta_t$$

$$+ \sum_{i=2}^{10} \eta_i \times (D_{i,t} \times P_i^f \times \mho_t^2 \times \vartheta_t) + \varepsilon_t. \qquad (4-4)$$

表 4-12　模型 4-4 的估计结果及其对比

e	OLS			WLS		
	(1)	(2)	(3)	(1)	(2)	(3)
$\hat{\gamma}_1$	-2.869		4.535	-2.988		3.322
	(-1.17)		(1.50)	(-1.03)		(0.94)
$\hat{\gamma}_2$	12.13		-23.09	19.35		-20.21
	(0.30)		(-0.40)	(0.40)		(-0.33)
$\hat{\gamma}_3$	55.40		-70.10	54.11		-73.75
	(1.02)		(-1.40)	(0.89)		(-1.37)

续表 4 - 12

e	OLS		WLS	
$\hat{\gamma}_4$	-8.029	-26.86**	-9.675	-30.39*
	(-0.40)	(-2.04)	(-0.44)	(-1.79)
$\hat{\gamma}_5$	3.748	-7.393	5.127	-3.819
	(0.51)	(-1.05)	(0.58)	(-0.46)
$\hat{\gamma}_6$	-2.582	-6.349	-0.0828	-4.007
	(-0.28)	(-1.28)	(-0.01)	(-0.72)
$\hat{\gamma}_7$	2.259	-11.26***	3.193	-9.612**
	(0.57)	(-2.85)	(0.66)	(-2.09)
$\hat{\gamma}_8$	1.612	-7.256**	1.875	-6.166*
	(0.49)	(-2.40)	(0.49)	(-1.73)
$\hat{\gamma}_9$	-0.338	-6.296**	0.364	-5.271*
	(-0.11)	(-2.39)	(0.10)	(-1.70)
$\hat{\gamma}_{10}$	6.241*	-5.092*	6.676*	-4.572
	(1.85)	(-1.95)	(1.77)	(-1.53)
$\hat{\eta}_1$	-3.928***	-3.638***	-4.456***	-3.858***
	(-7.26)	(-4.92)	(-4.46)	(-3.57)
$\hat{\eta}_2$	4.245**	2.396	4.434	2.521
	(2.08)	(0.88)	(1.44)	(0.71)
$\hat{\eta}_3$	-0.720	-2.359	-0.0118	-2.332
	(-0.54)	(-1.40)	(-0.01)	(-0.95)
$\hat{\eta}_4$	3.419*	2.455	4.047	2.662
	(1.92)	(1.45)	(1.64)	(1.09)
$\hat{\eta}_5$	4.736***	5.358***	5.779***	5.882**
	(3.94)	(2.84)	(2.72)	(2.19)
$\hat{\eta}_6$	7.824***	8.988***	8.763***	9.498***
	(4.57)	(4.71)	(3.70)	(3.57)
$\hat{\eta}_7$	9.823***	9.695***	11.10***	10.51***
	(7.10)	(5.74)	(5.22)	(4.45)

续表 4 - 12

e	OLS			WLS		
$\hat{\eta}_8$	11.21***	11.07***		12.58***	12.02***	
	(8.49)	(7.64)		(5.98)	(5.55)	
$\hat{\eta}_9$	18.66***	19.19***		20.02***	20.33***	
	(10.50)	(9.27)		(8.31)	(8.06)	
$\hat{\eta}_{10}$	22.46***	22.51***		24.06***	23.78***	
	(6.27)	(6.36)		(6.30)	(6.60)	
$\hat{\alpha}$	0.0143**	0.00286	-0.000566	0.0118**	0.00356	0.00212
	(2.03)	(0.61)	(-0.11)	(2.15)	(0.85)	(0.46)

w_j 是小区间 C_j 的中点。此时风险态度随相对财富变化而变化。区间 C_1 对应的奈特不确定性态度 $\hat{\gamma}(w_j)$ 记为 $\hat{\gamma}_1$;其他区间 $C_j(j \geqslant 2)$ 对应的奈特不确定性态度系数 $\hat{\gamma}(w_j)$ 可记为 $\hat{\gamma}_1 + \hat{\gamma}_j$。$\hat{\gamma}(w_j) < 0$ 意味着风险喜好;$\hat{\gamma}(w_j) > 0$ 则意味着风险厌恶。奈特不确定性厌恶或喜好的程度直接与 $\hat{\gamma}(w_j)$ 的绝对值成正比。模型 4 - 4 的估计结果见表 4 - 12。结果表明:只考虑离散形式的风险态度对溢价的解释力太低,且风险项绝大部分不显著;只考虑离散形式的奈特不确定性态度的模型具备较好的解释力,可决系数大于 0.6;在此基础上引入离散形式的风险态度后,在维持奈特不确定性对溢价解释的模式特征不受影响的情况下,模型解释力略有提高,这说明溢价中的风险效应很微弱,奈特不确定性溢价在溢价中仍然占据主导地位。相比于 CRRA 假定下的模型 4 - 2,模型 4 - 4 中相对财富较高的风险项系数都是显著的。但经检验发现,相对财富区间对应的风险系数 $\hat{\gamma}(w_j)$ 大多不显著地为负值,只有第 7 个区间的显著为负。类似的结论在线性的奈特不确定性态度下也成立。导致这一结论产生的原因可能是风险溢价效应在溢价中比较微弱,故模型 4 - 4 的实证不能全面地推导出风险态度。这个结论可能说明了我国投资者在股票投资中的赌徒心理。当相对财富较高时,我国投资者会呈现出风险喜好,且喜好程度随相对财富增加而减少。然而,这些风险系数绝大部分不显著,故模型的结果无法证实具体的风险态度模式。

与公式 4 - 3 类似,假设风险态度与相对财富呈线性关系。因此,可考虑以下风险态度为连续形式的实证模型。

$$r_t - r_{f,t} = \alpha + \gamma_0 \times v_t + \gamma_s \times w_t \times v_t + \eta_1 \times \mho_t^2 \times \vartheta_t$$

$$+ \sum_{i=2}^{10} \eta_i \times (D_{i,t} \times P_i^f \times \mho_t^2 \times \vartheta_t) + \varepsilon_t. \qquad (4-5)$$

表 4 - 13　模型 4 - 5 的估计结果及其对比

	OLS			WLS		
	(1)	(2)	(3)	(1)	(2)	(3)
$\hat{\gamma}_0$	-1.900		0.846	-2.156		0.237
	(-0.95)		(0.40)	(-1.05)		(0.09)
$\hat{\gamma}_S$	0.591		-2.884	1.517		-1.984
	(0.24)		(-1.61)	(0.59)		(-1.06)
$\hat{\eta}_1$		-3.928***	-3.889***		-4.456***	-4.385***
		(-7.26)	(-6.73)		(-4.46)	(-4.60)
$\hat{\eta}_2$		4.245**	4.134*		4.434	4.536
		(2.08)	(1.91)		(1.44)	(1.36)
$\hat{\eta}_3$		-0.720	-0.367		-0.0118	0.311
		(-0.54)	(-0.26)		(-0.01)	(0.13)
$\hat{\eta}_4$		3.419*	3.678**		4.047	4.237*
		(1.92)	(2.16)		(1.64)	(1.73)
$\hat{\eta}_5$		4.736***	6.183***		5.779***	6.880***
		(3.94)	(3.88)		(2.72)	(2.78)
$\hat{\eta}_6$		7.824***	8.826***		8.763***	9.593***
		(4.57)	(5.16)		(3.70)	(3.80)
$\hat{\eta}_7$		9.823***	10.23***		11.10***	11.45***
		(7.10)	(6.88)		(5.22)	(5.05)
$\hat{\eta}_8$		11.21***	11.74***		12.58***	13.03***
		(8.49)	(8.11)		(5.98)	(5.87)
$\hat{\eta}_9$		18.66***	19.37***		20.02***	20.62***
		(10.50)	(8.70)		(8.31)	(7.51)
$\hat{\eta}_{10}$		22.46***	23.04***		24.06***	24.63***
		(6.27)	(5.68)		(6.30)	(5.79)

续表 4 – 13

	OLS			WLS		
$\hat{\alpha}$	0.0137 *	0.00286	0.000651	0.0113 **	0.00356	0.00271
	(1.88)	(0.61)	(0.12)	(2.04)	(0.85)	(0.60)
R^2	0.0188	0.6425	0.6558	0.0117	0.6158	0.6223

其中风险态度通过 $\hat{\gamma} = \hat{\gamma_s} w_t + \hat{\gamma_0}$ 来体现:当 $\hat{\gamma}$ 大于 0 时,呈现风险厌恶态度;当 $\hat{\gamma}$ 小于 0 时,呈现风险喜好态度。实证结果(见表 4 – 13)进一步证实:奈特不确定性溢价在溢价中仍然占据主导地位,风险项的系数都不显著。这说明,即使在线性的风险态度下,风险溢价在溢价中的效应也不显著。

4.4　我国投资者对奈特不确定性态度的日历特征

这一节主要是基于上一章中关于奈特不确定性的日历特征,讨论投资者对奈特不确定性态度的日历特征。

以下利用上一章中(剔除某工作日或某时间段数据后的)子样本所获得的奈特不确定性,考察奈特不确定性对市场溢价的影响是否发生了显著的变化。先考虑模型 4 – 2。这五种情形的 OLS 和 WLS 估计结果见表 4 – 14。与表 4 – 1 的相应结果进行对比可知:剔除周一到周五的任何一类工作日数据后,风险溢价效应依然较微弱,所有风险项系数都是不显著的;奈特不确定性溢价在市场溢价中仍然占据主导地位。基于似不相关回归(seemingly unrelated regression)对数据剔除前后的回归系数做进一步比较,并对奈特不确定性项系数进行联合检验。结果发现,全样本下的风险项系数与剔除任何一类工作日数据后的风险项系数无显著差异,即风险溢价对市场溢价的影响没有显著的周内效应,这可能与其在市场溢价中不显著有关。对奈特不确定性项系数进行联合检验发现,全样本下的奈特不确定性项系数与剔除周一数据和剔除周二数据后的奈特不确定性项系数并无显著差异,但与剔除周三到周五中任何一类工作日数据后的奈特不确定性项系数有显著差异。这一结果直接反映在奈特不确定性态度与盈利收益概率间的关系上。在图 4 – 7 的第一个图中,全样本对应的折线和曲线与剔除周一数据后的折线和曲线比较接近;第二个图中,除盈利收益概率较高外,线条间的趋势差异不大;在第三到第五个图中,线条间的差异比较明显。这说明,市场溢价中呈现出的奈特不确定性态度没有显著的周一和周二效应,但有显著的周三、周四和周五效应。从图 4 - 7 中可以看出,在保持奈特不确定性态度与盈利收益概率间大致模式特征的同时,这些工作日的效应将增强奈特不确定性厌恶程度,减弱奈特不确定性喜好程度,从而导致奈特不确定性态度发生转变的盈利收益概率点稍微左移。

表 4 - 14 剔除部分数据后相应的参数估计结果

	周一		周二		周三		周四		周五		前半小时	
	OLS	WLS	OLS	WLS	OLS	WLS	OLS	WLS	OLS	WLS	OLS	WLS
$\hat{\gamma}$	0.795	0.820	0.0316	- 0.0612	- 1.118	- 1.055	- 0.262	0.160	- 0.478	0.00743	1.118	0.321
	(0.48)	(0.45)	(0.02)	(- 0.03)	(- 0.75)	(- 0.60)	(- 0.20)	(0.11)	(- 0.28)	(0.00)	(0.52)	(0.13)
$\hat{\eta}_1$	-4.423 * * *	-4.835 * * *	-2.884 *	-3.400 *	-2.149 *	-2.583 * *	-2.252 *	-2.705 *	-1.416	-1.814	-15.23 * * *	-14.90 * *
	(- 6.17)	(- 4.77)	(- 1.84)	(- 1.91)	(- 1.95)	(- 2.02)	(- 1.75)	(- 1.79)	(- 1.39)	(- 1.56)	(- 2.61)	(- 2.42)
$\hat{\eta}_2$	4.913 *	5.064	0.0609	0.0947	0.549	0.533	-4.873 *	-5.223	-6.670 * *	-6.768 * *	-18.23	-25.77
	(1.74)	(1.44)	(0.02)	(0.03)	(0.24)	(0.20)	(- 1.68)	(- 1.56)	(- 2.46)	(- 2.22)	(- 0.96)	(- 0.99)
$\hat{\eta}_3$	- 0.315	- 0.106	- 0.236	0.360	- 2.545	- 2.229	0.431	0.184	- 2.229	- 2.458	26.78 * *	26.29 * *
	(- 0.09)	(- 0.03)	(- 0.07)	(0.09)	(- 1.17)	(- 0.84)	(0.16)	(0.06)	(- 1.30)	(- 1.35)	(2.22)	(2.13)
$\hat{\eta}_4$	4.577 * *	4.762 *	5.785	5.562	- 0.250	0.451	0.293	0.500	- 0.594	- 0.698	19.42	19.03
	(2.45)	(1.85)	(1.53)	(1.34)	(- 0.11)	(0.17)	(0.11)	(0.16)	(- 0.20)	(- 0.24)	(1.64)	(1.57)
$\hat{\eta}_5$	4.846 * *	5.877 * *	3.247	4.228	4.230 *	4.991 * *	5.910 *	5.579	1.278	1.196	27.12 * *	26.95 * *
	(2.50)	(2.38)	(1.16)	(1.35)	(1.96)	(1.99)	(1.89)	(1.62)	(0.54)	(0.53)	(2.33)	(2.26)
$\hat{\eta}_6$	7.692 * * *	8.671 * * *	4.543	5.508 *	3.571 *	4.366 *	4.031	4.579	2.024	2.522	27.11 * *	27.37 * *
	(3.35)	(3.21)	(1.63)	(1.81)	(1.71)	(1.81)	(1.61)	(1.58)	(1.14)	(1.31)	(2.39)	(2.35)
$\hat{\eta}_7$	10.31 * * *	11.47 * * *	8.044 * * *	9.099 * * *	8.128 * * *	9.460 * * *	6.683 * * *	7.538 * * *	3.752 * * *	4.340 * * *	27.53 * *	28.33 * *
	(6.30)	(5.14)	(3.11)	(3.13)	(3.37)	(3.47)	(2.83)	(2.75)	(2.73)	(2.87)	(2.46)	(2.48)
$\hat{\eta}_8$	14.18 * * *	15.89 * * *	10.30 * * *	11.30 * * *	9.303 * * *	10.42 * * *	8.624 * * *	9.669 * * *	8.386 * * *	9.152 * * *	31.81 * * *	32.22 * * *
	(7.10)	(6.48)	(4.12)	(3.96)	(4.43)	(4.26)	(3.30)	(3.32)	(5.21)	(5.21)	(2.94)	(2.88)
$\hat{\eta}_9$	15.73 * * *	17.19 * * *	12.94 * * *	14.11 * * *	9.373 * * *	10.43 * * *	8.476 * * *	9.537 * * *	11.72 * * *	12.84 * * *	35.74 * * *	36.70 * * *
	(6.92)	(6.14)	(4.54)	(4.58)	(4.31)	(4.18)	(3.50)	(3.43)	(5.65)	(6.12)	(3.38)	(3.37)
$\hat{\eta}_{10}$	21.17 * * *	22.46 * * *	13.31 * * *	14.80 * * *	17.42 * * *	18.76 * * *	16.67 * * *	17.56 * * *	8.102 * * *	9.547 * * *	31.36 * * *	32.78 * * *
	(12.00)	(9.70)	(4.33)	(4.38)	(5.69)	(5.84)	(6.14)	(6.01)	(3.61)	(4.08)	(2.97)	(2.96)
α	0.00714	0.00536	0.000498	0.00296	0.00359	0.00419	0.000326	0.00175	0.00567	0.00634	0.0108 *	0.00696
	(1.08)	(1.18)	(0.08)	(0.59)	(0.67)	(0.96)	(0.06)	(0.37)	(0.92)	(1.40)	(1.77)	(1.52)
r^2	0.4849	0.4601	0.5288	0.5079	0.5929	0.5633	0.5672	0.5395	0.5229	0.5076	0.5194	0.4382

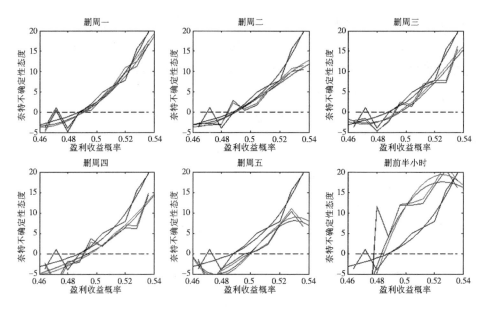

图 4 - 7　剔除相应数据后的奈特不确定性态度与盈利收益概率的估计拟合图

注:黑色折线和光滑线分别为全样本下估计系数与盈利收益概率的关系图和拟合图;蓝色线和红色线分别表示剔除相应数据后的 OLS 和 WLS 的对应结果。

对连续模型 4 - 3 的估计结果(未报告)也进行上述检验。结果显示,全样本下的风险项系数与剔除任何一类工作日数据后的相应系数都无显著差异。对奈特不确定性项系数的联合检验也表明,剔除相应数据前后的回归系数无显著差异。这可能与连续模型中关于奈特不确定性态度与盈利收益概率的线性假设有关。

为了考察奈特不确定性的影响模式及呈现出的奈特不确定性态度模式是否受隔夜效应的影响,本节利用似无关回归分析,对剔除数据前后的模型估计系数做联合检验。对于模型 4 - 2,估计系数结果(见表 4 - 14)依然保留了全样本下的特征:奈特不确定性溢价显著地解释了市场溢价。检验发现,剔除数据前后的风险项系数无显著差异;奈特不确定性项系数整体上相比于全样本的奈特不确定性项系数有显著差异。因而,隔夜效应对奈特不确定性态度的模式特征有显著影响。从图 3 - 3 可以看出,隔夜效应将使得投资者的奈特不确定性厌恶和喜好的程度都减弱。这一定程度上缓解了隔夜效应带来的过高奈特不确定性的影响。从模型 4 - 3 中也可以得到类似的结论。

在剔除全样本中每个交易日最后半小时的数据后,离散模型和连续模型的估计结果(未报告)均显示奈特不确定性溢价在市场溢价中的模式特征不变,且基于似无关回归分析的系数检验发现,剔除数据前后的风险项系数和奈特不确定性项系数没有显著差异。这意味着尾盘交易中呈现出的奈特不确定性态度模式不会因隔夜消息而发生明显变化。

4.5 本章小结

现实世界复杂多变导致人们获取信息的能力和信息解读的充分性相对不足,从而给概率分布的估计和判定带来不确定性,这就是奈特不确定性。奈特不确定性的研究能够解释传统期望效用理论的一些缺陷和实证中的一些异象产生的原因。本章利用 Brenner 和 Izhakian(2018)提出的模型和奈特不确定性测度方法,讨论我国股票市场中奈特不确定性对市场溢价的影响,并分析了投资者对奈特不确定性的态度特征;发现奈特不确定性溢价能够显著地解释我国的市场溢价,而风险溢价效应不显著。一系列的稳健性检验说明,我国市场溢价中的奈特不确定性效应是一致的。这一结果实际上表明,相对于风险而言,奈特不确定性对市场的影响更为突出。这为我国相关部门精准地应对市场的不确定性提供了有价值的参考。

从结果来看,我国作为发展中国家,证券市场各方面还不是很完善,市场机制设计不成熟,我国市场的投资者整体上表现出不成熟的一面,投资者的奈特不确定性厌恶程度或奈特不确定性喜好程度都高出美国市场的投资者数倍。总体而言,奈特不确定性态度与盈利收益概率具有倒 S 形模式特征,奈特不确定性厌恶(或喜好)的程度随盈利概率的增加(或减少)而增加。从奈特不确定性态度的角度来看,它没有显著的周一和周二效应,但有显著的周三、周四和周五效应。隔夜效应对早盘中投资者对奈特不确定性的态度模式都有显著的影响。

检验还发现,我国股票市场中投资者并没有显著的多重概率效用偏好;同时市场溢价中的风险溢价不显著,这表明我国投资者也无显著的主观效用偏好。由于风险溢价不显著,因此无法用类似的方法来推导非常数形式的风险态度。

第5章 奈特不确定性因子的构建及资产
定价研究

金融市场中普遍存在的奈特不确定性是影响股票收益横截面的重要因素，是金融风险管理中的关键要素。本章旨在从探索性的角度分析奈特不确定性对股票收益横截面的实证影响。具体地，利用有效的奈特不确定性测度方式，从 Fama-Macbeth 回归分析和组合分析的角度，全面分析奈特不确定性对我国股票收益的影响。结果表明，奈特不确定性在我国股票收益横截面中具有显著的负面效应。这与 Miller(1977)的分析逻辑是一致的，即在奈特不确定性条件下，套利限制会使得股票被高估从而导致低收益。作为新兴经济体的代表，我国市场的奈特不确定性与市场机制设计和监管体制是密不可分的，本章的结论对我国微观市场和监管制度的设计有很好的政策参考作用。从这两方面入手，优化市场结构和监管体系，有效控制奈特不确定性，能够维护投资者切身利益，保障市场可持续发展。

5.1 引言

由于获取信息的渠道和解读信息的能力等方面的限制，金融市场中的投资者往往无法全面掌握宏观变量或股票相关变量的演化过程，只能利用所了解的信息对主要的状态变量进行适当的估计，因而金融市场存在着与生俱来的不确定性。

在传统的资产定价理论模型中，主要考虑的是资产收益分布已知的不确定性，即风险。经典的资本资产定价模型(CAPM)正是在这一框架下得到的。该理论的提出为股票收益实证研究奠定了理论基础，如在早期研究中所发现的股票收益的市场 β 效应(Fama & Macbeth,1973)。尽管如此，实证研究中常出现一些与 CAPM 和有效市场假说相悖的异象变量(见表 5-1)。

表 5 - 1　部分异象变量的实证结果

	相关异象变量	实证结果
Basu(1977)	市盈率(E/P)	股票市盈率(E/P)越高,其未来收益也越高。
Banz(1981)	规模(市值)	规模更小的股票有更高的收益。
Bhandari(1988)	债务股本比	杠杆(由债务股本比测度)越高的股票,其收益也越高。
Stattman(1980),Rosenberg 等(1985)	账市比	账市比更高的股票有更高的收益。
DeBondt & Thaler(1985)	历史收益	长期反转效应:五年期累积收益低的股票在下一期中的收益更高。
Jegadeesh & Titman(1993)	历史收益	短期动量效应:短期内(3 到 12 个月)收益低(高)的股票在接下来的月份中收益也低(高)。

　　按照套利定价理论和跨期资本资产定价模型的思路,掌握市场因素以外的潜在风险因子是资产定价的关键所在。为了更好地解释股票收益,许多研究从不同的角度引入合理的风险因子,并通过这些因子敞口来解释横截面收益。最具影响力的是 Fama 和 French 的系列研究,如在 CAPM 模型的基础上加入规模因子和价值因子(Fama & French,1993),形成了三因子模型;在三因子的基础上进一步引入盈利因子和投资因子(Fama & French,2015,2016),形成了五因子模型。Harvey 等人(2016)系统地综述了股票收益横截面的相关研究成果,从通用性和独特性两个层面,分别总结了金融层面、宏观基本面、市场微观结构、行为和会计等方面的风险因子。其中,常见的风险因子还有流动性因子(Amihud,2002)、信息风险因子(Easley & O'Hara,2004)、动量因子(Carhart,1997)。Bali 等人(2016)对股票收益横截面的实证研究方法进行了系统的总结。从这些层出不穷的研究方法和技术可见,资产定价研究无论在理论方法还是金融实践中都是至关重要的。随着经济体制的改革和发展,我国金融市场发展迅猛且日趋完善,我国市场的资产定价研究受到广大学者的关注,取得了一些与我国市场特征相符的研究成果,如吴卫星和汪勇祥(2004)、苏冬蔚和麦元勋(2004)、邹小芃等人(2009)所取得的成果。这些独具中国特色的资产定价研究为我国的金融实践和机制设计提供了重要的指导和参考,也丰富了资产定价理论。

　　行为实验呈现出的奈特不确定性厌恶行为(Ellsberg,1961)激发了人们对奈特不确定性的研究热情。从此,涌现出一系列奈特不确定性下的偏好决策模型(见 2.1 节)。这些模型在考虑风险的同时,兼顾奈特不确定性。这些理论给一些金融市场异象的解读提供了新视角。比如,奈特不确定性给市场交易中断提供了一些合理的解释框架:有研究从需求的角度指出,奈特不确定性会促成一个资产净需求为零的价格区间(Dow & Werlang,1992;Easley & O'Hara,2009);Routledge 等人(2009)从流动性的角度指出,奈特不确定性会减少流动性,从而导致市场交易中断。从行为的角度而言,市场的奈特不确定性会影响价格形成过程。在奈特不确定性下的跨期资产定价模型中,由奈特不确定性厌恶所生成的均衡不确定性会导致资产价格波动率过高(Epstein & Wang,1994)。在市场极端现象(市场崩溃或暴涨)发生时,奈特不确定性厌恶使得均衡价格表现为状态变量的非连续函数,市场基本面微小的变化都会导致资产价格发生很大的变化。针对高风险溢价和低/无风险利率,在连续框架下引入奈特不确定性(Chen et al,2002),可以得到最终的均衡风险溢价是标准的主观效用偏好(风险)溢价与奈特不确定性溢价之和,即奈特不确定性溢价提高了股票的风险溢价。同时,无风险利率随着奈特不确定性厌恶和风险厌恶的递减而降低,故在风险厌恶和奈特不确定性厌恶不高时,会形成较低的无风险利率。国内学者也从我国市场特色出发,深入探讨了奈特不确定性对资产定价的影响,如我国非流通股折价现象就是奈特不确定性显著提高非流动资产折价率所致(高金窑,2013)。另外,奈特不确定性下的期权定价也是我国学者关注的热点问题之一(张慧等,2008;张慧、聂秀山,2007;韩立岩、周娟,2007;韩立岩、泮敏,2012;黄虹等,2016)。

作为不确定性的另一面,奈特不确定性对股票收益有着实质性的影响(见1.2.3 节),也有比较合理的机理解释(见2.3 节),奈特不确定性或模糊性对价格过程有潜在的影响,所以将奈特不确定性纳入定价因子范畴是十分有必要的。因此,本章利用 Brenner 和 Izhakian(2018)提出的奈特不确定性测度方法,验证奈特不确定性对我国股票收益横截面的影响。基于该测度方法,构建影响平均股票收益的奈特不确定性因子并揭示其对股票收益横截面的影响。本章所用的方法有别于李霞霏(2014)和王春峰等人(2015)所用的方法。王春峰等人认为个股的超额收益不仅要包含 CAPM 的市场风险溢价,还应包括奈特不确定性方面的因素,因此在 Fama-French 的三因子模型中引入了一个奈特不确定性因子与市场溢酬因子的交互项来考虑奈特不确定性的影响。本章所构造的奈特不确定性因子依然为组合收益的形式,在量纲上与组合收益保持一致。另外,李霞霏的奈特不确定性测度是利用概率分布间的相对熵来实现的。

5.2　基于奈特不确定性的资产定价模型构建

本章的相关数据来自国泰安数据库、万得数据库和锐思数据库等。本章选取了截至 2018 年 3 月底我国 A 股市场的 3502 只个股,并利用公式 2 - 5 计算从 2000 年 1 月至 2018 年 3 月间(219 个月)相应月份的奈特不确定性。其中,停牌月份和部分股票上市前的月份不计算。假设收益服从正态分布,即 $F(x) = \Phi(x,\mu,\sigma^2)$。这导致每个月的有效样本股的数量不一,有效样本股数量从 2000 年 1 月的 842 只增加到 2018 年 3 月的 3303 只,平均每个月有 1785 只有效个股。在接下来的实证分析中,每个月的样本股选取原则为个股相关的变量值都不缺失。每个月的平均奈特不确定性(等权重)及市场超额收益率时间序列图见图 5 - 1,描述性统计量见表 5 - 2;两者的相关性为 - 0.2289,有显著的负相关性(p 值为 0.0006);从图 5 - 1 中也可以看出,平均奈特不确定性很高的月份对应的市场超额收益不高。

表 5 - 2　样本股的月平均奈特不确定性和市场超额收益率的描述性统计量

统计量	N	Mean	Std. Dev.	Min	Max
月平均奈特不确定性	219	1.381	0.198	0.974	2.114
月市场超额收益率	219	0.00735	0.0795	- 0.262	0.224

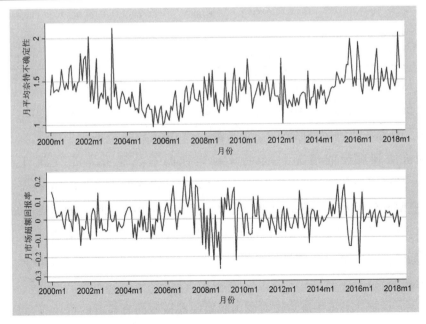

图 5 - 1　月平均奈特不确定性(等权重)及市场超额收益的时间序列图

5.2.1 可行性分析

这一部分主要对样本股的超额收益进行 Fama-Macbeth 回归分析(Fama & Macbeth,1973;Merton,1980),探索性地验证奈特不确定性对股票平均收益的影响。因此,本节选取了 Fama-French 三因子模型和五因子模型相关的变量作为控制变量:将对数流通市值 $lnmc_i$ 作为规模的代理变量;净资产利润率 ROE_i 作为个股盈利的代理变量;总资产增长率 Δr_i 为上市公司投资的代理变量;账市比 BM_i 代表个股价值。奈特不确定性用 $\mho_i^2$ 表示。首先对每个月的个股超额收益进行横截面回归,得到相关变量的估计值;其次对横截面回归的结果进行平均。所得的估计结果见表 5 – 3。

表 5 – 3　奈特不确定性的 Fama-Macbeth 回归分析结果

	α_i	$\mho_i^2$	BM_i	Δr_i	ROE_i	$lnmc_i$	R^2
(1)	-0.1429 ***		-0.0065 ***			0.0073 **	0.0486 ***
	(-62.3490)		(-14.4744)			(2.1942)	(124.1047)
(2)	-0.1449 ***	-0.0056 ***	-0.0023 ***			0.0078 ***	0.0597 ***
	(-64.6306)	(-29.0527)	(-5.2611)			(77.3315)	(144.7819)
(3)	-0.133 ***		-0.0063 ***	0.014 ***	0.0016 ***	0.0068 ***	0.0579 ***
	(-57.732)		(-15.1326)	(36.0816)	(3.3676)	(66.4023)	(108.3642)
(4)	-0.1247 ***	-0.0067 ***	-0.0006	0.0242 ***	-0.0038 ***	0.0068 ***	0.0689 ***
	(-50.5455)	(-32.8383)	(-1.4739)	(30.8817)	(-5.3988)	(61.0801)	(125.2077)

从结果来看,股票平均收益与价值成反比。这说明我国投资者急功近利,缺乏价值投资理念。这与时文艺(2014)的研究结果是一致的。尽管如此,本章主要关注奈特不确定性的影响。对比表 5 – 3 中(1)和(2)的结果可得,在控制公司价值和规模的情况下,奈特不确定性的系数显著为负(t 统计量为 -29.0527);一个单位的奈特不确定性将导致平均月收益减少 0.56%;平均而言,模型的解释力可以提高 22.84%。对比表 5 – 3 中(3)和(4)的结果可知,在控制其他变量的基础上,引入奈特不确定性项,其系数依然显著为负,且一个单位的奈特不确定性将导致平均月收益减少 0.67%;平均而言,模型的解释力可以提高 19%。

综合可知,奈特不确定性对我国股票收益横截面有显著的负效应,而且在模型中纳入奈特不确定性可以大幅提高模型的解释力。这些实证结果说明在定价中引入奈特不确定性因子具有可行性。

5.2.2　奈特不确定性因子与资产定价模型

组合分析法是实证资产定价（Bali et al,2016）中定价因子构造和模型分析的常用方法。组合分析法分为单变量法、双变量法和多变量法。Carhart（1997）的动量因子和王春峰等人（2015）的奈特不确定性因子构造采用的就是单变量组合分析法,在 Fama-French 系列研究中大多采用双变量法,也有利用多变量分析法的。

本章的奈特不确定性因子的构造将采用单变量组合分析法,并融入 Frazzini 和 Pedersen（2014）在构造套利 β 因子的秩加权思想。具体的做法是:将每一个月的样本个股按照奈特不确定性 $\mho_i^2$ 从小到大排序;利用所有样本股票的奈特不确定性中位数,将个股分为低奈特不确定性组和高奈特不确定性组。受 Frazzini 和 Pedersen 构造套利 β 因子思路的启发,本章在低奈特不确定性组合构造过程中,给低奈特不确定性个股赋予高权重,给高奈特不确定性个股赋予低权重;反过来,在高奈特不确定性组合构造过程中,给高奈特不确定性个股赋予高权重,给低奈特不确定性个股赋予低权重。令 z_t 为个股奈特不确定性对应的秩向量（$n \times 1$）,即 $z_{it} = rank(\mho_{it}^2)$;令 $z_t = \frac{1}{n}1'_n z_t$ 为平均秩,其中 1_n 为全 1 向量。低奈特不确定性组合和高奈特不确定性组合的权重分别为:

$$w_L = \frac{2}{1'_n |z_t - z_t 1_n|}(z_t - z_t 1_n)^- ;\quad w_H = \frac{2}{1'_n |z_t - z_t 1_n|}(z_t - z_t 1_n)^+. \quad (5-1)$$

其中,$(x_1, x_2, \cdots, x_n)'^- = (l_1, l_2, \cdots, l_n), l_i = \begin{cases} |x_i|, & x_i < 0; \\ 0, & \text{其他} \end{cases}, (x_1, x_2, \cdots, x_n)'^+$

$= (h_1, h_2, \cdots, h_n), h_i = \begin{cases} x_i, & x_i > 0; \\ 0, & \text{其他} \end{cases}$。由此可以形成低奈特不确定性组合和高奈特不确定性组合。在此基础上,再构造"做多低奈特不确定性组合和做空高奈特不确定性组合"的组合,其超额收益作为奈特不确定性因子,记为 LMH^{bab},则:

$$LMH^{bab} = w'_L(r - r_f 1_n) - w'_H(r - r_f 1_n).$$

其中 r 为样本股的收益率列向量,r_f 为当月的无风险收益率。Fama-French 三因子及奈特不确定性因子的描述性统计和相关系数见表5-4。

表 5 - 4　Fama-French 三因子及奈特不确定性因子的描述性统计和相关系数

	RMRF	SMB	HML	LMH^{bab}
A:各因子的描述性统计				
Mean	0.00735	- 0.00943	- 0.00542	0.006
Std. Dev.	0.0795	0.0493	0.0418	0.0395
Min	- 0.262	- 0.246	- 0.17	- 0.0685
Max	0.224	0.131	0.125	0.359
B:各因子间的相关系数				
RMRF	1			
SMB	0.00550	1		
	(0.935)			
HML	0.118	0.0484	1	
	(0.0807)	(0.476)		
LMH^{bab}	- 0.138	0.0148	0.0824	1
	(0.0415)	(0.828)	(0.225)	

其中 RMRF 为摘自国泰安数据库的流通市值加权市场溢酬因子(结合样本对最近 15 个月的数据进行了补充);规模因子 SMB 和价值因子 HML 为基于 Fama-French 的 2 × 3 组合划分方法,利用样本个股月超额收益率,采用流通市值加权计算。

经检验,LMH^{bab} 的均值 0.6% 显著大于 0(t 统计量为 2.2483)。B 部分是各因子间相关系数的检验结果。其中,LMH^{bab} 与 SMB 和 HML 的相关系数分别为 0.0148 和 0.0824,且不显著;LMH^{bab} 与市场溢酬因子间的相关性尽管显著,但相关系数很低,为 - 0.138。

综上可知,LMH^{bab} 可以认为是独立于 Fama-French 三因子的解释股票平均收益的定价因子。

近年来,关于资产定价的实证研究取得了很大的发展,人们尝试着从不同的角度发掘能够解释收益横截面的定价因子。但 Fama-French 三因子模型仍然是因子研究中的黄金标准,其回归模型为:

$$r_{it} - r_{ft} = \alpha_i + b_i \times RMRF_t + s_i \times SMB_t + h_i \times HML_t + e_{it}. \qquad (5-2)$$

因子拓展检验(factor spanning test)是用于验证定价因子是否冗余的一种方

法(Fama & French,2015,2017;Barillas & Shanken,2017)。具体的做法是:将某一特定因子对其他因子进行回归,若其截距项不显著,即该因子的解释力可以通过其他因子进行,则该因子是冗余的。接下来,利用 LMH^{bab} 对三因子进行因子拓展检验,结果见表 5 – 5。为了方便后续讨论,也对五因子进行了检验。从结果可以看出,截距项 0.007 是显著的(t 统计量为 2.18)。这也进一步说明在三因子模型中纳入 LMH^{bab} 的必要性。

表 5 – 5　奈特不确定性因子 LMH^{bab} 的因子拓展检验结果

	RMRF	SMB	HML	RMW	CMA	α
(1)	– 0.0695**	0.0255	0.0686			0.00738**
	(– 2.13)	(0.22)	(0.36)			(2.18)
(2)	– 0.0897***	– 0.078	0.0438	– 0.122	0.178	0.00619*
	(– 2.80)	(– 0.88)	(0.23)	(– 0.50)	(1.09)	(1.95)

接下来的分析中,在 Fama-French 三因子模型的基础上引入奈特不确定性因子 LMH_t^{bab},形成如下形式的四因子定价模型:

$$r_{it} - r_{ft} = \alpha_i + b_i \times RMRF_t + s_i \times SMB_t + h_i \times HML_t + l_i\,LMH_t^{bab} + e_{it}. \quad (5-3)$$

接下来主要实证分析模型 5 – 3 的解释力,阐明奈特不确定性因子 LMH_t^{bab} 对股票平均收益的影响。

5.3　实证分析

5.3.1　单变量组合分析

这一部分主要考虑基于奈特不确定性的组合分析,也即将每个月的样本股按照奈特不确定性从小到大分成 10 组,再按照样本股对每组奈特不确定性的秩进行加权。组合构造原则为:奈特不确定性最小的 4 个组中,奈特不确定性越小,权重越大;在奈特不确定性最大的 4 个组中,奈特不确定性越大,权重越大;中间 2 组按照等权重进行构造。形成的组合以下称为奈特不确定性分组组合 $p_i(1 \leq i \leq 10)$, p_1 为奈特不确定性最小的分组组合, p_{10} 为奈特不确定性最大的分组组合。奈特不确定性分组组合的收益率描述性统计结果见表 5 –6。

表5-6　奈特不确定性分组组合收益率描述性统计结果

	Mean	Std. Dev.	Min	Max
p_1	0.0312	0.114	-0.218	1.129
p_2	0.0168	0.0863	-0.210	0.412
p_3	0.0136	0.0833	-0.253	0.332
p_4	0.0129	0.0840	-0.252	0.328
p_5	0.0100	0.0836	-0.250	0.295
p_6	0.00893	0.0849	-0.251	0.313
p_7	0.00904	0.0866	-0.247	0.318
p_8	0.00959	0.0880	-0.279	0.287
p_9	0.0105	0.0878	-0.260	0.282
p_{10}	0.0186	0.0921	-0.270	0.330

组合收益均值介于 0.00893 至 0.0312 之间。这些组合平均收益率并没有呈现出关于奈特不确定性的严格单调性,但总体上具有随奈特不确定性递减的趋势,且 p_1 组合的收益显著大于组合 p_{10}(t 统计量为 2.0917)。p_1 组合的收益率均值最大,其他组合的收益均值都低于 0.02,这体现了奈特不确定性对平均股票收益的负面效应。

表5-7　基于奈特不确定性分组组合收益率的模型 5-2 与 5-3 的估计结果

e	RMRF	SMB	HML	LMH^{bab}	α	R^2
p_1	0.915 ***	0.857 ***	-0.35		0.0306 ***	0.5365
	(12.41)	(3.73)	(-0.81)		(4.52)	
	1.042 ***	0.842 ***	-0.511 ***	1.713 ***	0.0184 ***	0.8763
	(17.23)	(10.05)	(-2.87)	(5.38)	(5.73)	
p_2	0.899 ***	0.726 ***	-0.0632		0.0166 ***	0.857
	(24.34)	(8.10)	(-0.46)		(4.67)	
	0.948 ***	0.721 ***	-0.125 **	0.658 ***	0.0119 ***	0.9452
	(35.64)	(14.83)	(-2.47)	(13.84)	(5.75)	
p_3	0.898 ***	0.703 ***	-0.0576		0.0133 ***	0.906
	(28.30)	(12.53)	(-0.57)		(4.93)	
	0.926 ***	0.699 ***	-0.0937	0.384 ***	0.0106 ***	0.9381
	(35.48)	(18.72)	(-1.40)	(10.64)	(5.49)	

续表 5-7

e	$RMRF$	SMB	HML	LMH^{bab}	α	R^2
p_4	0.921 ***	0.707 ***	-0.0685		0.0124 ***	0.9287
	(41.23)	(13.78)	(-0.76)		(5.61)	
	0.940 ***	0.704 ***	-0.093	0.261 ***	0.0106 ***	0.9433
	(49.39)	(17.27)	(-1.34)	(6.67)	(5.92)	
p_5	0.926 ***	0.712 ***	-0.125		0.00923 ***	0.9437
	(49.70)	(16.19)	(-1.53)		(4.65)	
	0.935 ***	0.711 ***	-0.136 *	0.126 ***	0.00834 ***	0.9471
	(52.26)	(17.70)	(-1.88)	(3.45)	(4.75)	
p_6	0.942 ***	0.722 ***	-0.142 **		0.00804 ***	0.9459
	(46.39)	(17.84)	(-2.11)		(4.14)	
	0.946 ***	0.721 ***	-0.147 **	0.0497	0.00768 ***	0.9464
	(47.27)	(18.04)	(-2.31)	(1.59)	(4.25)	
p_7	0.956 ***	0.759 ***	-0.114 *		0.00855 ***	0.9497
	(50.38)	(18.39)	(-1.71)		(4.74)	
	0.953 ***	0.759 ***	-0.111	-0.0322	0.00878 ***	0.9499
	(48.99)	(18.28)	(-1.63)	(-0.82)	(4.93)	
p_8	0.977 ***	0.748 ***	-0.219 ***		0.00827 ***	0.9448
	(51.44)	(17.60)	(-3.92)		(4.66)	
	0.968 ***	0.749 ***	-0.206 ***	-0.133 **	0.00922 ***	0.9483
	(51.70)	(18.09)	(-3.65)	(-2.15)	(5.14)	
p_9	0.968 ***	0.738 ***	-0.173 ***		0.00936 ***	0.9322
	(51.40)	(17.65)	(-2.89)		(4.52)	
	0.953 ***	0.739 ***	-0.154 **	-0.200 **	0.0108 ***	0.9401
	(41.49)	(18.57)	(-2.14)	(-2.40)	(5.39)	
p_{10}	0.968 ***	0.689 ***	-0.344 ***		0.0162 ***	0.8253
	(22.45)	(9.86)	(-4.09)		(4.54)	
	0.934 ***	0.693 ***	-0.301 **	-0.458 **	0.0194 ***	0.8627
	(19.58)	(9.39)	(-2.51)	(-2.47)	(6.00)	

表5-7是基于奈特不确定性分组组合收益率的模型5-2和模型5-3的估计结果。在组合 p_1 中,模型5-3的 LMH^{bab} 估计系数显著为正, LMH^{bab} 的正效应正好与该组合的低奈特不确定性和 LMH^{bab} 构造方法匹配。相对于三因子模型,截距项由0.0306下降到0.0184,降了近40%;同时模型的可决系数由0.5365增加到0.8763。这些都说明在该组合中,奈特不确定性因子 LMH^{bab} 对平均组合收益有比较强的解释力。从 p_2 到 p_{10} 组合, LMH^{bab} 的估计系数随组合奈特不确定性增加,由正逐渐递减为负,且除 p_6 和 p_7 组合外,该系数都是显著的。 LMH^{bab} 系数的这一变化趋势正好反映了 LMH^{bab} 因子组合构造的"做多低奈特不确定性组合,做空高奈特不确定性组合"原则;同时也从实证的角度证实了投资者在投资实践中厌恶奈特不确定性的行为特征。在 p_2 到 p_{10} 组合中,相对于三因子模型,模型5-3的截距项都有一定程度的下降,且可决系数有一定的提高。在 p_{10} 组合中,可能受极端奈特不确定性的影响, LMH^{bab} 系数大幅下降(由组合 p_9 中的-0.2下降为-0.458),模型5-3的截距项不降反增,但可决系数在三因子模型的基础上增加了4.5%, LMH^{bab} 对平均组合收益的解释力有所增强。

在 p_1 和 p_6 组合中,平均收益率相差最大。在这两个组合的收益率差异(2.2%)中,通过 LMH^{bab} 因子可以解释其中的1%,解释力达到44.8%。在奈特不确定性相差最大的两个组合 p_1 和 p_{10} 中,平均收益率相差近1.3%。因 LMH^{bab} 因子在抵消其他因子效应影响的基础上,可以解释的收益率差异略超1.3%,故可以认为这两个组合的平均收益率差异基本上能由 LMH^{bab} 因子进行解释。

5.3.2 双变量组合分析

这一部分中,组合的构建主要基于公司规模和账市比这两个变量。表5-8是基于 $2×3$ (规模×价值,价值分组的断点为账市比的三等分点)流通市值加权和等权重组合收益关于模型5-3的估计结果。为了便于比较,报告了三因子模型相应的结果。其中,组合 sl 表示小规模公司中低账市比的公司组合,bh 表示大规模公司中高账市比的公司组合,依此类推。

从各个组合的收益率来看,在小(大)市值组合中,低价值组合与高价值组合的平均收益间存在7(101)个基点的差异;在 CAPM 风险调整的 α 中,这一差异为11(105)个基点。对于流通市值加权组合而言,sl 组合对应的三因子模型

表 5 - 8　基于规模×价值＝2×3 的流通市值加权和等权重组合收益的模型 5 - 2 与模型 5 - 3 的估计结果

组合	CAPM α	流通市值加权						等权重加权					
		RMRF	SMB	HML	LMH^{bab}	α	R^2	RMRF	SMB	HML	LMH^{bab}	α	R^2
sl	0.0022	0.903***	0.933***	-0.416***		0.00859***	0.9533	0.957***	1.353***	-0.451***		0.0142***	0.8649
		(40.9200)	(17.5400)	(-5.31)		(4.1600)		(21.3700)	(13.4500)	(-3.68)		(5.1700)	
		0.914***	0.932***	-0.430***	0.146***	0.00755***	0.9576	0.974***	1.377***	-0.472***	0.217**	0.0130***	0.8742
		(42.6200)	(19.9400)	(-6.48)	(3.4900)	(4.2900)		(22.0800)	(13.9200)	(-4.64)	(2.1600)	(5.3100)	
sm	0.0022	0.934***	0.970***	-0.190**		0.0102**	0.9554	0.968***	1.293***	-0.184		0.0155***	0.8447
		(51.5200)	(20.7700)	(-2.32)		(5.2700)		(20.8500)	(11.6100)	(-1.27)		(4.9300)	
		0.948***	0.968***	-0.208***	0.187***	0.00890***	0.9620	0.988***	1.321***	-0.208*	0.250*	0.0141***	0.8564
		(52.7500)	(24.7700)	(-3.29)	(2.8700)	(5.4800)		(21.1600)	(10.9800)	(-1.69)	(1.7200)	(4.8800)	
sh	0.0009	0.945***	0.946***	0.180***		0.0110***	0.9555	0.939***	1.238***	0.275**		0.0163***	0.8525
		(44.1000)	(27.9100)	(3.2500)		(5.5700)		(21.9200)	(11.1200)	(2.1100)		(5.4100)	
		0.954***	0.945***	0.168***	0.128***	0.0100***	0.9585	0.955***	1.261***	0.256**	0.206*	0.0152***	0.8603
		(46.9300)	(27.9100)	(3.6500)	(3.1500)	(5.7200)		(22.5500)	(10.9900)	(2.2600)	(1.7900)	(5.4600)	
bl	0.0175	0.940***	-0.0492	-0.876***		0.0119***	0.9329	0.999***	0.213*	-0.765***		0.0164***	0.8210
		(35.8900)	(-1.22)	(-15.07)		(5.5600)		(21.3500)	(1.8900)	(-5.85)		(5.3800)	
		0.951***	-0.0505	-0.889***	0.145***	0.0109***	0.9377	0.955***	0.236**	-0.785***	0.208*	0.0153***	0.8309
		(37.7000)	(-1.17)	(-17.92)	(3.4000)	(5.8200)		(22.0200)	(2.0100)	(-6.95)	(1.8000)	(5.4300)	
bm	0.0091	0.943***	-0.0395	-0.0792		0.00830***	0.9115	0.968***	0.344**	-0.103		0.0152***	0.8173
		(34.0000)	(-0.60)	(-0.77)		(4.1000)		(21.5800)	(3.1500)	(-0.71)		(4.9700)	
		0.954***	-0.0408	-0.0937	0.153**	0.00721***	0.9173	0.988***	0.371**	-0.127	0.245*	0.0139***	0.8300
		(34.4400)	(-0.71)	(-1.06)	(2.2300)	(3.8700)		(21.8800)	(3.2400)	(-1.03)	(1.7200)	(4.9300)	
bh	0.0070	0.899***	-0.0623	0.529***		0.00956***	0.9427	0.957***	0.327**	0.508***		0.0143***	0.8706
		(38.9500)	(-1.38)	(7.6900)		(4.4300)		(21.1400)	(3.3100)	(4.1800)		(5.2100)	
		0.911***	-0.0637	0.513***	0.163***	0.00840***	0.9490	0.974***	0.352**	0.487***	0.219**	0.0131***	0.8800
		(40.4200)	(-1.61)	(9.3000)	(4.2300)	(4.6600)		(21.9800)	(3.5400)	(-4.8700)	(2.1900)	(5.3300)	

为 0.00859(t 统计量为 4.16);纳入 LMH^{bab} 后,虽然模型 5 - 3 的 α 显著,但其下降为 0.00755(t 统计量为 4.29),降幅为 12%。组合 sl 与 sh 的平均收益率相差 7 个基点,其中 LMH^{bab} 可以解释其中的 1.2 个基点,占 16%(在等权重组合中占 10%)。在大市值对应的三个流通市值加权组合中, LMH^{bab} 因子使得三因子模型 α 的降幅分别为 8.4%、13% 和 12%;但由于价值因子效应在平均收益中发生方向性变化, LMH^{bab} 无法直接解释组合 bl 与 bh 间的收益率差别。实际上,其在平均收益率解释中的作用主要是抵消价值因子效应。在大市值的等权重组合 bl 和 bh 中, LMH^{bab} 解释收益率差异的比例也不高(0.65 个百分点)。在大市值组合中, LMH^{bab} 因子效应较弱,可能是价值因子效应较大所致。但总体而言,在三因子模型中纳入 LMH^{bab} 后,所有组合收益的 LMH^{bab} 估计系数都显著为正,即奈特不确定性因子对平均收益率有显著的正效应。

另外,大市值组合的 LMH^{bab} 估计系数略高于低市值组合的 LMH^{bab} 估计系数。这意味着在大市值组合投资中,我国投资者对高价值组合的奈特不确定性厌恶程度比低价值组合略大,这进一步说明我国市场机制的不完善和投资者的价值投资理念不正确。在小市值组合中,高价值组合的 LMH^{bab} 估计系数略低于低价值组合。这说明在小市值组合投资中,投资者对高价值组合的奈特不确定性厌恶程度比低价值组合略低。

GRS 检验(Gibbons et al,1989)是对组合分析中回归估计的截距项进行联合检验。这一检验也是实证资产定价的关键步骤。为此,对上述组合分析进行 GRS 检验,检验结果见表 5 - 9。

表 5 - 9　模型 5 - 2 与模型 5 - 3 的 GRS 检验结果

组合类型	模型	GRS 统计量	p 值	$A\|\alpha_i\|$	$\dfrac{A\|\alpha_i\|}{A\|r_i\|}$	$\dfrac{As^2(a_i)}{Aa_i^2}$
流通市值加权组合	5 - 2	13.0100	1.694e - 12	0.0099	1.6752	0.0199
	5 - 3	11.5383	3.813e - 11	0.0088	1.4901	0.0236
等权重组合	5 - 2	6.8484	1.186e - 06	0.01533	2.8765	0.0275
	5 - 3	6.1717	5.599e - 06	0.01409	2.6444	0.0311

模型 5 - 2 和模型 5 - 3 都拒绝了所有组合回归截距项为 0 的假设,也就是说,模型 5 - 2 和模型 5 - 3 并不是解释平均收益的完全模型。但是,相对于模型 5 - 2,纳入奈特不确定性因子 LMH^{bab} 的模型 5 - 3 在解释平均收益上有一定

程度的改进。在上述两种组合的分析中,模型 5 - 3 的 GRS 统计量和平均截距项绝对值 $A|\alpha_i|$ 都小于三因子模型的相应值。$\dfrac{A|\alpha_i|}{A|r_i|}$ 为截距项绝对值均值与 r_i 绝对值均值之比,表示模型无法解释的平均收益分散度,其中 r_i 为组合收益相对于横截面市场收益的偏差;$\dfrac{As^2(a_i)}{Aa_i^2}$ 为截距项标准误平方均值与截距项平方均值之比,表示抽样误差在模型无法解释的平均收益分散度中的比例。相比于模型 5 - 2,模型 5 - 3 的 $\dfrac{A|\alpha_i|}{A|r_i|}$ 在两类组合分析中有所减少,分别减少 11% 和 8%。这说明在三因子模型中考虑奈特不确定性因子后,模型无法解释的平均收益分散度比例有一定幅度的下降。另外,对于 $\dfrac{As^2(a_i)}{Aa_i^2}$ 而言,模型 5 - 3 相对于模型 5 - 2 有一定的改进。在这两类组合中,抽样误差在模型无法解释的平均收益分散度比例分别从 1.99%、2.75% 上升到 2.36%、3.11%。

从 GRS 检验结果和模型的各个指标来看,包含奈特不确定性因子 LMH^{bab} 的模型 5 - 3 有一定程度的改进。

5.3.3　稳健性分析

关于股票收益的异象变量有很多,这一部分主要利用动量因子 MOM(Carhart,1997)、Fama-French 五因子模型中的投资因子 CMA 及盈利因子 RMW(Fama & French,2015,2017),验证奈特不确定性因子效应是否是这些常见因素的代理变量。

其中模型 5 - 3 涉及的三因子数据仍然采用前面分析中用的流通市值加权数据;动量因子 MOM 采用锐思数据库的流通市值加权的因子数据;投资因子 CMA 和盈利因子 RMW 采用国泰安数据库中利用 2×3 流通市值加权投资组合划分方法所得的 A 股市场因子数据。从表 5 - 10 可知,除盈利因子 RMW 的均值小于 0 以外,其他的都大于 0。另外,除奈特不确定性因子 LMH^{bab} 外,其他都不显著。从各变量间的相关系数可以看出,LMH^{bab} 与其他三个因子的相关性都很低,其中与动量因子 MOM 的相关性是显著的,但相关系数的绝对值比较小;与投资因子和盈利因子的相关性不显著且相关性很微弱。

表 5 - 10 相关数据的描述性统计量和相关性

	MOM	CMA	RMW	LMH^{bab}
A:各因子的描述性统计				
Mean	0.0007	0.0015	− 0.0011	0.006
Std. Dev.	0.0528	0.0231	0.0318	0.0395
Min	− 0.2911	− 0.0683	− 0.1064	− 0.0685
Max	0.3369	0.0721	0.1366	0.3594
B:各因子间的相关系数				
MOM	1			
CMA	− 0.134	1		
	(0.0564)			
RMW	0.128	− 0.719	1	
	(0.0672)	(0.00)		
LMH^{bab}	− 0.135	0.106	− 0.0485	1
	(0.0467)	(0.133)	(0.491)	

接下来,基于单变量排序组合和双变量排序组合,在模型 5 - 3 的基础上控制这些风险因子。具体考察如下模型:

$$r_{it} - r_{ft} = \alpha_i + b_i \times RMRF_t + s_i \times SMB_t + h_i \times HML_t + l_i \times LMH_t^{bab} + m_i \times MOM_t + e_{it}.$$

$$(5 - 4)$$

$$r_{it} - r_{ft} = \alpha_i + b_i \times RMRF_t + s_i \times SMB_t + h_i \times HML_t + l_i \times LMH_t^{bab} + c_i \times CMA_t + e_{it}.$$

$$(5 - 5)$$

$$r_{it} - r_{ft} = \alpha_i + b_i \times RMRF_t + s_i \times SMB_t + h_i \times HML_t + l_i \times LMH_t^{bab} + r_i \times RMW_t + e_{it}.$$

$$(5 - 6)$$

$$r_{it} - r_{ft} = \alpha_i + b_i \times RMRF_t + s_i \times SMB_t + h_i \times HML_t + l_i \times LMH_t^{bab} + c_i \times CMA_t$$
$$+ r_i \times RMW_t + e_{it}.$$

$$(5 - 7)$$

其中,模型 5 - 7 相当于在 Fama-French 五因子模型中加入奈特不确定性因子 LMH^{bab}。

首先,利用表 5 - 7 中基于奈特不确定性的分组组合 $p_1, \cdots, p_{10}$,分析其他因子变量是否会影响 LMH^{bab} 在平均收益方面的解释力。表 5 - 11 为基于各个组合收益率的模型 5 - 4 到模型 5 - 7 的估计结果。在每个组合收益率的模型估计中,新加入的因子不论显著与否,LMH^{bab} 系数估计变化都很小。这一方面说明了 LMH^{bab} 不会受到其他因素的影响,故它不是其他因子的代理变量;另一方面也体现了奈特不确定性因子 LMH^{bab} 在平均收益率的解释力方面具有较强的稳健性。比如,在奈特不确定性最小的组合 p_1 中,模型 5 – 4 到 5 – 7 的 LMH^{bab} 系数介于 1.750 到 1.752 之间,与模型 5 – 3 的 LMH^{bab} 估计系数 1.713 相差不大。在 p_1 组合的平均收益(0.031)中,奈特不确定性因子能够解释其中的 0.0104 到 0.0105,解释比例在 33.2% 到 33.7% 之间;在奈特不确定性最大的 p_{10} 组合中,这些模型的 LMH^{bab} 系数介于 – 0.455 到 – 0.450 之间(模型 5 – 3 的 LMH^{bab} 估计系数为 – 0.458),估计系数变化微小。其他组合的 LMH^{bab} 估计系数都具有类似的特征,这说明奈特不确定性因子 LMH^{bab} 在组合平均收益的解释力方面具有比较好的稳健性,不会受到其他定价因子的影响。另外,对于所有组合,模型中的 LMH^{bab} 估计系数依然具有由正到负的递减趋势。

表 5 – 11　基于奈特不确定性分组组合收益率的模型 5 – 4 到模型 5 – 7 的估计结果

组合	RMRF	SMB	HML	LMH^{bab}	MOM	CMA	RMW	α	R^2
p_1	1.021 ***	0.879 ***	– 0.467 ***	1.730 ***	0.129			0.0188 ***	0.8781
	(17.99)	(9.45)	(– 2.72)	(5.39)	(1.60)			(6.01)	
	1.038 ***	0.822 ***	– 0.535 ***	1.752 ***		0.0822		0.0180 ***	0.8826
	(17.50)	(8.11)	(– 2.96)	(5.65)		(0.55)		(5.11)	
	1.029 ***	0.794 ***	– 0.526 ***	1.751 ***			– 0.0996	0.0179 ***	0.8827
	(18.39)	(6.85)	(– 2.97)	(5.70)			(– 0.68)	(5.06)	
	1.030 ***	0.794 ***	– 0.530 ***	1.750 ***		0.0384	– 0.0789	0.0179 ***	0.8827
	(18.57)	(6.86)	(– 2.98)	(5.66)		(0.21)	(– 0.45)	(5.00)	
p_2	0.942 ***	0.730 ***	– 0.114 **	0.663 ***	0.0334			0.0121 ***	0.9454
	(37.35)	(13.73)	(– 2.02)	(13.21)	(0.86)			(5.71)	
	0.941 ***	0.677 ***	– 0.143 **	0.658 ***		0.160 *		0.0117 ***	0.9468
	(39.03)	(14.13)	(– 2.59)	(14.34)		(1.67)		(5.59)	
	0.922 ***	0.613 ***	– 0.124 **	0.656 ***			– 0.214 **	0.0115 ***	0.9477
	(35.83)	(9.81)	(– 2.39)	(13.54)			(– 2.21)	(5.39)	
	0.924 ***	0.614 ***	– 0.131 **	0.655 ***		0.0595	– 0.182 *	0.0114 ***	0.9478
	(34.45)	(9.77)	(– 2.42)	(13.76)		(0.57)	(– 1.69)	(5.41)	
p_3	0.919 ***	0.712 ***	– 0.0788	0.389 ***	0.0436			0.0107 ***	0.9385
	(37.38)	(16.84)	(– 1.07)	(10.25)	(0.96)			(5.45)	
	0.921 ***	0.668 ***	– 0.112	0.372 ***		0.141		0.0100 ***	0.9387
	(33.45)	(13.78)	(– 1.61)	(9.76)		(1.41)		(5.14)	
	0.902 ***	0.602 ***	– 0.0956	0.370 ***			– 0.207 *	0.00977 ***	0.9397
	(26.96)	(8.44)	(– 1.39)	(8.94)			(– 1.75)	(4.96)	

续表 5－11

组合	RMRF	SMB	HML	LMH^{bab}	MOM	CMA	RMW	α	R^2
	0.903 * * *	0.603 * * *	− 0.1	0.369 * * *		0.0379	− 0.186	0.00971 * * *	0.9398
	(26.84)	(8.46)	(− 1.42)	(8.94)		(0.32)	(− 1.31)	(5.00)	
P_4	0.932 * * *	0.719 * * *	− 0.0753	0.268 * * *	0.0518			0.0107 * * *	0.9438
	(47.34)	(16.05)	(− 0.97)	(6.37)	(1.12)			(5.91)	
	0.935 * * *	0.668 * * *	− 0.108	0.255 * * *		0.13		0.0105 * * *	0.9438
	(49.18)	(13.82)	(− 1.44)	(6.15)		(1.63)		(5.72)	
	0.918 * * *	0.612 * * *	− 0.0933	0.253 * * *			− 0.180 *	0.0103 * * *	0.9446
	(41.69)	(10.18)	(− 1.28)	(5.52)			(− 1.91)	(5.59)	
	0.919 * * *	0.613 * * *	− 0.0986	0.252 * * *		0.0432	− 0.156	0.0102 * * *	0.9446
	(40.29)	(10.16)	(− 1.31)	(5.58)		(0.38)	(− 1.23)	(5.58)	
P_5	0.924 * * *	0.730 * * *	− 0.114	0.134 * * *	0.0665			0.00856 * * *	0.948
	(49.29)	(15.95)	(− 1.42)	(3.56)	(1.28)			(4.73)	
	0.934 * * *	0.709 * * *	− 0.130 *	0.128 * * *		− 0.0122		0.00880 * * *	0.9468
	(50.42)	(15.63)	(− 1.70)	(3.27)		(− 0.15)		(4.69)	
	0.914 * * *	0.624 * * *	− 0.133 *	0.120 * * *			− 0.170 *	0.00813 * * *	0.9481
	(40.24)	(10.24)	(− 1.77)	(2.82)			(− 1.67)	(4.41)	
	0.910 * * *	0.621 * * *	− 0.115	0.124 * * *		− 0.152	− 0.251 *	0.00837 * * *	0.9489
	(38.75)	(9.88)	(− 1.52)	(2.86)		(− 1.41)	(− 1.90)	(4.52)	
P_6	0.932 * * *	0.747 * * *	− 0.117 *	0.0609 *	0.0875 *			0.00798 * * *	0.9479
	(49.05)	(17.94)	(− 1.75)	(1.83)	(1.94)			(4.39)	
	0.938 * * *	0.676 * * *	− 0.168 * *	0.0417		0.169 *		0.00756 * * *	0.9474
	(49.41)	(13.27)	(− 2.38)	(1.25)		(1.84)		(4.14)	
	0.911 * * *	0.579 * * *	− 0.149 * *	0.0369			− 0.285 * * *	0.00711 * * *	0.9497
	(42.75)	(9.05)	(− 2.26)	(1.11)			(− 3.31)	(3.96)	
	0.911 * * *	0.579 * * *	− 0.150 * *	0.0365		0.0151	− 0.277 * *	0.00708 * * *	0.9497
	(40.72)	(9.01)	(− 2.21)	(1.09)		(0.13)	(− 2.44)	(3.95)	
P_7	0.941 * * *	0.781 * * *	− 0.0853	− 0.0225	0.0761			0.00904 * * *	0.951
	(49.52)	(17.88)	(− 1.14)	(− 0.57)	(1.57)			(5.02)	
	0.950 * * *	0.736 * * *	− 0.116	− 0.0292		0.0709		0.00890 * * *	0.9503
	(48.93)	(14.74)	(− 1.61)	(− 0.71)		(0.82)		(4.84)	
	0.929 * * *	0.655 * * *	− 0.108	− 0.0352			− 0.202 * *	0.00841 * * *	0.9518
	(47.86)	(10.22)	(− 1.56)	(− 0.92)			(− 2.44)	(4.57)	
	0.927 * * *	0.654 * * *	− 0.101	− 0.0336		− 0.0593	− 0.234 * *	0.00850 * * *	0.9519
	(46.22)	(10.03)	(− 1.48)	(− 0.86)		(− 0.50)	(− 1.99)	(4.63)	
P_8	0.960 * * *	0.762 * * *	− 0.191 * * *	− 0.127 * *	0.0456			0.00937 * * *	0.9487
	(51.56)	(17.28)	(− 3.13)	(− 2.08)	(0.91)			(5.28)	

续表 5 – 11

组合	RMRF	SMB	HML	LMH^{bab}	MOM	CMA	RMW	α	R^2
	0.966 * * *	0.734 * * *	- 0.210 * * *	- 0.128 * *		0.0396		0.00975 * * *	0.9492
	(52.87)	(14.44)	(- 3.40)	(- 2.08)		(0.45)		(5.28)	
	0.947 * * *	0.660 * * *	- 0.206 * * *	- 0.134 * *			- 0.172 * *	0.00926 * * *	0.9503
	(50.21)	(11.03)	(- 3.52)	(- 2.11)			(- 1.98)	(5.09)	
	0.945 * * *	0.659 * * *	- 0.197 * * *	- 0.132 * *		- 0.0797	- 0.215 *	0.00938 * * *	0.9505
	(47.10)	(10.85)	(- 3.20)	(- 2.12)		(- 0.67)	(- 1.73)	(5.19)	
p_9	0.951 * * *	0.744 * * *	- 0.149 *	- 0.199 * *	0.0146			0.0108 * * *	0.9401
	(41.33)	(17.04)	(- 1.94)	(- 2.34)	(0.29)			(5.35)	
	0.948 * * *	0.700 * * *	- 0.168 * *	- 0.193 * *		0.133		0.0107 * * *	0.9408
	(42.09)	(14.23)	(- 2.19)	(- 2.36)		(1.51)		(5.18)	
	0.927 * * *	0.624 * * *	- 0.153 *	- 0.196 * *			- 0.222 * *	0.0103 * * *	0.9421
	(42.43)	(9.36)	(- 2.12)	(- 2.46)			(- 2.39)	(4.86)	
	0.927 * * *	0.625 * * *	- 0.155 *	- 0.197 * *	0.0135		- 0.215 *	0.0103 * * *	0.9421
	(42.23)	(9.29)	(- 2.15)	(- 2.45)	(0.12)		(- 1.75)	(4.92)	
p_{10}	0.924 * * *	0.710 * * *	- 0.281 * *	- 0.450 * *	0.0575			0.0196 * * *	0.8633
	(20.07)	(8.32)	(- 2.26)	(- 2.38)	(0.72)			(6.01)	
	0.925 * * *	0.654 * * *	- 0.345 * * *	- 0.453 * *		0.209		0.0182 * * *	0.8634
	(19.50)	(7.31)	(- 2.72)	(- 2.43)		(1.44)		(5.21)	
	0.911 * * *	0.615 * * *	- 0.320 * * *	- 0.451 * *			- 0.185	0.0183 * * *	0.8631
	(18.68)	(5.76)	(- 2.67)	(- 2.47)			(- 1.22)	(5.20)	
	0.915 * * *	0.618 * * *	- 0.339 * * *	- 0.455 * *	0.152		- 0.103	0.0180 * * *	0.8637
	(18.84)	(5.82)	(- 2.71)	(- 2.45)	(0.92)		(- 0.61)	(5.11)	

接下来,利用表 5 – 8 中规模 × 价值(2 × 3)的流通市值加权组合来验证在组合平均收益率中 LMH^{bab} 效应的稳健性。从表 5 – 12 可知,对于每个组合而言,引入其他因子变量(不管其估计系数是否显著)后,模型 5 – 4 到模型 5 – 7 的 LMH^{bab} 系数的估计值都很平稳且显著。比如在 sl 组合中,各模型的 LMH^{bab} 系数估计值在 0. 142 到 0. 147 之间,而模型 5 – 3 的 LMH^{bab} 系数估计值为 0. 146;在 bh 组合中,各模型的 LMH^{bab} 系数估计值在 0. 159 到 0. 163 之间,而模型 5 – 3 的 LMH^{bab} 系数估计值为 0. 163。因此,在这些组合中,LMH^{bab} 在组合平均收益中的效应受其他因子影响较小。

表 5 – 12　基于规模 × 价值 = 2 × 3 的流通市值加权组合收益的模型 5 – 4 到
模型 5 – 7 的估计结果

组合	RMRF	SMB	HML	LMH^{bab}	MOM	CMA	RMW	α	R²
sl	0.918 * * *	0.925 * * *	− 0.438 * * *	0.143 * * *	− 0.0248			0.0075 * * *	0.9577
	(43.42)	(17.54)	(− 5.90)	(3.24)	(− 0.55)			(4.08)	
	0.905 * * *	0.866 * * *	− 0.448 * * *	0.147 * * *		0.218 * * *		0.0073 * * *	0.9592
	(44.43)	(17.63)	(− 6.23)	(3.60)		(2.75)		(4.11)	
	0.880 * * *	0.783 * * *	− 0.423 * * *	0.145 * * *			− 0.279 * * *	0.0070 * * *	0.9606
	(35.02)	(13.85)	(− 6.25)	(3.17)			(− 2.91)	(4.03)	
	0.882 * * *	0.785 * * *	− 0.434 * * *	0.142 * * *		0.0898	− 0.231 * *	0.0069 * * *	0.9608
	(34.08)	(13.79)	(− 6.00)	(3.21)		(1.12)	(− 2.17)	(3.94)	
sm	0.938 * * *	0.987 * * *	− 0.186 * * *	0.195 * * *	0.0636 *			0.0091 * * *	0.9627
	(52.78)	(23.72)	(− 2.85)	(3.00)	(1.71)			(5.58)	
	0.949 * * *	0.978 * * *	− 0.203 * * *	0.193 * * *		(0.04)		0.0096 * * *	0.9621
	(53.53)	(22.97)	(− 2.98)	(2.95)		(− 0.63)		(5.53)	
	0.936 * * *	0.922 * * *	− 0.210 * * *	0.186 * * *			− 0.0921	0.0091 * * *	0.9623
	(52.09)	(17.97)	(− 3.21)	(2.87)			(− 1.22)	(5.33)	
	0.933 * * *	0.920 * * *	− 0.193 * * *	0.190 * * *		− 0.137 *	− 0.166 *	0.0093 * * *	0.9628
	(51.37)	(17.94)	(− 2.92)	(2.99)		(− 1.68)	(− 1.81)	(5.40)	
sh	0.948 * * *	0.956 * * *	0.181 * * *	0.133 * * *	0.0396			0.0102 * * *	0.9588
	(48.14)	(28.07)	(3.66)	(3.26)	(1.08)			(5.78)	
	0.948 * * *	0.909 * * *	0.146 * * *	0.118^{bab}		0.148 *		0.0100 * * *	0.9595
	(47.17)	(19.70)	(2.87)	(2.66)		(1.87)		(5.35)	
	0.924 * * *	0.822 * * *	0.162 * * *	0.113 * * *			− 0.254 * * *	0.0095 * * *	0.9611
	(42.37)	(13.91)	(3.51)	(2.62)			(− 3.10)	(5.08)	
	0.924 * * *	0.822 * * *	0.161 * * *	0.113 * *		0.0090	− 0.250 * *	0.0095 * * *	0.9611
	(41.99)	(13.88)	(3.41)	(2.59)		(0.10)	(− 2.53)	(5.07)	
bl	0.941 * * *	− 0.0318	− 0.867 * * *	0.153 * * *	0.0646			0.0111 * * *	0.9386
	(39.51)	(− 0.73)	(− 16.10)	(3.62)	(1.42)			(5.96)	
	0.946 * * *	− 0.0707	− 0.915 * * *	0.134 * * *		0.113		0.0109 * * *	0.939
	(38.60)	(− 1.27)	(− 16.98)	(3.01)		(1.22)		(5.61)	
	0.926 * * *	− 0.145 * *	− 0.903 * * *	0.130 * * *			− 0.210 * *	0.0105 * * *	0.9405
	(36.94)	(− 2.06)	(− 18.31)	(2.95)			(− 2.23)	(5.30)	
	0.926 * * *	− 0.145 * *	− 0.902 * * *	0.130 * * *		− 0.0045	− 0.212 *	0.0105 * * *	0.9405
	(36.31)	(− 2.05)	(− 17.33)	(2.95)		(− 0.04)	(− 1.83)	(5.35)	
bm	0.952 * * *	− 0.0369	− 0.089	0.155 * *			0.0136	0.0073 * * *	0.9173
	(31.17)	(− 0.55)	(− 0.91)	(2.20)			(0.23)	(3.76)	
	0.952 * * *	− 0.0619	− 0.0813	0.161 * *		0.0239		0.0078 * * *	0.9191
	(34.21)	(− 0.86)	(− 0.83)	(2.21)		(0.24)		(3.71)	

续表 5 - 12

组合	RMRF	SMB	HML	LMH^{bab}	MOM	CMA	RMW	α	R^2
	0.932 * * *	− 0.144 *	− 0.0798	0.153 * *			− 0.181 * *	0.00717 * * *	0.9208
	(32.11)	(− 1.93)	(− 0.87)	(2.17)			(− 2.03)	(3.70)	
	0.929 * * *	− 0.146 * *	− 0.0663	0.156 * *		− 0.11	− 0.240 * *	0.00734 * * *	0.9212
	(31.28)	(− 2.00)	(− 0.69)	(2.21)		(− 0.97)	(− 2.39)	(3.61)	
bh	0.911 * * *	− 0.0637	0.513 * * *	0.163 * * *	0.0002			0.0084 * * *	0.949
	(45.35)	(− 1.44)	(8.29)	(3.93)	(0.00)			(4.54)	
	0.903 * * *	− 0.114 * * *	0.491 * * *	0.163 * * *		0.184 * *		0.0082 * *	0.9515
	(43.38)	(− 2.79)	(8.46)	(4.37)		(2.20)		(4.55)	
	0.882 * * *	− 0.183 * * *	0.512 * * *	0.161 * *			− 0.235 * *	0.0080 * * *	0.9526
	(37.86)	(− 3.24)	(9.13)	(3.88)			(− 2.39)	(4.39)	
	0.884 * * *	− 0.182 * * *	0.503 * * *	0.159 * * *	0.0763		− 0.193 *	0.0079 * * *	0.9528
	(36.84)	(− 3.21)	(8.75)	(3.95)	(1.00)		(− 1.90)	(4.37)	

王春峰等人(2015)构造了基于奈特不确定性的定价因子,该方法按照样本股的奈特不确定性进行排序,以 30% 和 70% 分位数作为断点,将样本股分成三组并分别构建市值加权组合,再通过"做多高奈特不确定性组合,做空低奈特不确定性组合"得到(月)收益,为 $AMBI_t$,并将 $AMBI_t$ 与市场溢酬因子 $RMRF$ 形成的交互项 $AMBI \cdot RMRF$ 纳入 Fama-French 的三因子模型。以下考察交互项因子 $AMBI \cdot RMRF$ 对 LMH^{bab} 的影响。据计算可得,$AMBI_t$ 的均值为 0.020,但不显著(t 统计量为 0.5053);$AMBI \cdot RMRF$ 的均值为 0.0013 且显著(t 统计量为 2.9546),其与奈特不确定性因子 LMH^{bab} 具有显著的弱相关性,相关系数为 − 0.2705。接下来,考虑以下模型:

$$r_{it} - r_{ft} = \alpha_i + b_i \times RMRF_t + s_i \times SMB_t + h_i \times HML_t$$
$$+ l_i \times LMH_t^{bab} + a_i \times AMBI_t \times RMRF_t + e_{it}.$$

表 5 - 13　基于奈特不确定性分组组合收益率的模型 5 - 8 的估计结果

组合	RMRF	SMB	HML	LMH^{bab}	$AMBI \cdot RMRF$	α	R^2
p_1	1.042 * * *	0.827 * * *	− 0.523 * * *	1.693 * * *	− 0.477	0.0190 * * *	0.8770
	(17.43)	(11.03)	(− 2.98)	(5.48)	(− 0.87)	(5.69)	
p_2	0.948 * * *	0.724 * * *	− 0.122 * *	0.663 * * *	0.116	0.0118 * * *	0.9453
	(36.06)	(13.82)	(− 2.39)	(11.74)	(0.28)	(5.64)	
p_3	0.927 * * *	0.703 * * *	− 0.0911	0.388 * * *	0.106	0.0104 * * *	0.9381
	(35.49)	(20.58)	(− 1.34)	(8.64)	(0.24)	(5.40)	

续表 5 – 13

组合	RMRF	SMB	HML	LMH^{bab}	$AMBI \cdot RMRF$	α	R^2
p_4	0.940***	0.710***	– 0.0889	0.268***	0.165	0.0104***	0.9434
	(49.24)	(18.35)	(– 1.28)	(6.01)	(0.39)	(5.54)	
p_5	0.935***	0.712***	– 0.136*	0.127***	0.0205	0.0083***	0.9471
	(51.62)	(20.23)	(– 1.95)	(3.21)	(0.06)	(4.42)	
p_6	0.946***	0.729***	– 0.141**	0.0603*	0.243	0.0074***	0.9467
	(48.06)	(18.60)	(– 2.17)	(1.66)	(0.68)	(3.98)	
p_7	0.953***	0.760***	– 0.11	– 0.0306	0.0362	0.0087***	0.9499
	(48.70)	(18.19)	(– 1.62)	(– 0.72)	(0.10)	(4.71)	
p_8	0.968***	0.754***	– 0.203***	– 0.127*	0.145	0.0091***	0.9484
	(51.55)	(19.23)	(– 3.70)	(– 1.88)	(0.40)	(4.83)	
p_9	0.953***	0.739***	– 0.154**	– 0.200**	0.0001	0.0108***	0.9401
	(41.41)	(18.62)	(– 2.10)	(– 2.40)	(0.00)	(5.31)	
p_{10}	0.933***	0.685***	– 0.307**	– 0.470**	– 0.271	0.0197***	0.8630
	(19.55)	(10.65)	(– 2.70)	(– 2.55)	(– 0.36)	(5.60)	

从表 5 – 13 可知,对于所有基于奈特不确定性的分组组合,模型 5 – 8 的 $AMBI \cdot RMRF$ 估计系数都不显著,且从低奈特不确定性组合 p_1 到高奈特不确定性组合 p_{10},奈特不确定性因子 LMH^{bab} 的系数从 1.693 递减至 – 0.47;除组合 p_7 外,其他组合的 LMH^{bab} 系数都是显著的。系数特征基本与模型 5 – 3 的类似(见表 5 – 13)。这说明,交互项因子 $AMBI \cdot RMRF$ 对股票平均收益的效应不显著,且不影响 LMH^{bab} 对股票收益的解释力。

对于规模×价值(2×3)的流通市值加权组合而言,交互项因子 $AMBI \cdot RMRF$ 在股票平均收益解释中表现出不太稳健的效应。如表 5 – 14 所示:对于组合 sl、sm 和 bh 而言,$AMBI \cdot RMRF$ 的估计系数是不显著的;而其他三个组合,$AMBI \cdot RMRF$ 的估计系数是显著的。尽管如此,LMH^{bab} 系数在各个组合的回归结果中都是显著的。

表 5 – 14　基于规模×价值(2×3)的流通市值加权组合收益的模型 5 – 8 的估计结果

组合	RMRF	SMB	HML	LMH^{bab}	$AMBI \cdot RMRF$	α	R^2
sl	0.914***	0.923***	– 0.437***	0.133***	– 0.281	0.0079***	0.9580
	(41.34)	(21.54)	(– 7.24)	(2.77)	(– 0.83)	(4.30)	

续表 5 - 14

组合	RMRF	SMB	HML	LMH^{bab}	$AMBI \cdot RMRF$	α	R^2
sm	0.948 * * *	0.965 * * *	- 0.210 * * *	0.183 * * *	- 0.0956	0.0090 * * *	0.9620
	(52.90)	(25.47)	(- 3.50)	(2.87)	(- 0.33)	(5.12)	
sh	0.955 * * *	0.961 * * *	0.180 * * *	0.150 * * *	0.505 * *	0.0095 * * *	0.9596
	(52.73)	(28.82)	(3.63)	(3.36)	(2.19)	(5.41)	
bl	0.952 * * *	- 0.0211	- 0.866 * * *	0.186 * * *	0.929 * * *	0.0098 * * *	0.9426
	(46.99)	(- 0.54)	(- 16.87)	(4.04)	(3.24)	(5.48)	
bm	0.953 * * *	- 0.0707 *	- 0.117 *	0.112 *	- 0.945 * * *	0.0083 * * *	0.9229
	(38.78)	(- 1.85)	(- 1.70)	(1.76)	(- 2.64)	(4.14)	
bh	0.911 * * *	- 0.0592	0.517 * * *	0.169 * * *	0.143	0.0082 * * *	0.9491
	(40.83)	(- 1.38)	(8.99)	(3.62)	(0.39)	(4.55)	

　　交互项因子 $AMBI \cdot RMRF$ 是奈特不确定性与市场溢价综合性的定价因子，而 LMH^{bab} 是纯粹基于奈特不确定性的。从上述结果可知，交互项因子 $AMBI \cdot RMRF$ 并不会影响奈特不确定性因子 LMH^{bab} 在股票平均收益中的效应。

　　综上可知，奈特不确定性因子 LMH^{bab} 在股票收益横截面中的效应有较好的稳健性，是一个独立可靠的定价因子。同时，由估计系数结果可知，奈特不确定性对股票收益具有显著的负面效应。因此，控制奈特不确定性对于保障投资者的投资利益具有十分重要的意义。

5.4　本章小结

　　本章在不确定概率期望效用理论的基础上，利用公式 2－5 和市场收益率数据对个股的奈特不确定性进行测度，讨论了奈特不确定性对股票收益横截面的影响。Fama-Macbeth 回归分析的结果表明，奈特不确定性对股票的平均收益有显著的负效应，从实证的角度说明了在定价因子中引入奈特不确定性因子的合理性。因此，本章按照奈特不确定性的大小对样本股票进行排序，结合Frazzini 和 Pedersen（2014）构造套利 β 因子的秩加权思想，构造了基于奈特不确定性因子 LMH^{bab}。因子拓展检验表明，对于三因子和五因子而言，奈特不确定性因子 LMH^{bab} 不是冗余的，说明奈特不确定性因子 LMH^{bab} 是不同于其他常见因子的定价因子。组合分析的结果表明，奈特不确定性因子 LMH^{bab} 有助于解释不同组合间的收益率差异，模型的解释力有所改进。尽管在三因子模型中纳入

LMH^{bab}，未能通过 GRS 检验，但从模型的平均截距项绝对值 $A|\alpha_i|$ 及指标 $\dfrac{A|\alpha_i|}{A|r_i|}$ 和 $\dfrac{As^2(a_i)}{Aa_i^2}$ 来看都有一定的改进。最后用常见的动量因子 MOM、盈利因子 RMW 和投资因子 CMA 验证了 LMH^{bab} 效应的稳健性。结果表明，这些因子并不会影响 LMH^{bab} 在股票平均收益中的解释力。这意味着奈特不确定性因子 LMH^{bab} 并不是这些因子以外的噪声。此外，王春峰等人提出的交互项因子 $AMBI \cdot RMRF$ 并不会影响奈特不确定性因子 LMH^{bab} 在股票平均收益中的效应。总之，奈特不确定性因子 LMH^{bab} 对我国股票收益横截面具有显著的影响，是资产定价中不容忽视的有效因子。

奈特不确定性与市场微观结构和政策监管有直接的关系（Easley & O'Hara，2009，2010）。因而，本章的实证结论对市场政策有很重要的意义。奈特不确定性对我国股票收益横截面有显著的负面效应，这一结果是我国市场的真实写照。作为发展中国家，我国的股票市场上市公司信息披露、交易机制、监管体系仍不太成熟，亟须完善。市场中投机氛围浓厚，短线炒作之风盛行，内幕交易屡见不鲜。这些因素都一定程度上造成我国市场整体奈特不确定性水平偏高，直接影响了市场投资收益的大小和可持续性，造成投资者投资的消极情绪，使市场预期容易出现极端，造成证券市场大幅波动，严重阻碍了市场发展的进程。随着改革开放的深入和全球一体化进程的加快，国际市场的金融传染效应（李红权等，2011；李红权、何敏园，2017；何敏园，2018）使得我国遭受外围市场的冲击，给我国市场稳定和风险管理带来挑战。政府部门应该积极推动资本市场制度和机制的完善和创新，从市场机制设计和监管层面入手，控制证券市场的奈特不确定性。根据本章的结论，奈特不确定性较低的市场将直接提高投资者的资产收益，进而提升民众对市场投资的信心，减少市场中奈特不确定性的负面影响，避免市场频繁发生极端事件，促进我国证券市场健康、持续发展。

第6章 奈特不确定性对股票收益的横截面效应和时序效应

与风险一样,奈特不确定性是影响资产收益的潜在因素。由上一章中的组合分析的结果可知,奈特不确定性对股票收益具有显著的负面效应。接下来,将从横截面和时序效应两个角度,实证分析我国股票市场中奈特不确定性对股票收益的影响。

6.1 引言

Ellsberg(1961)悖论中所蕴含的奈特不确定性厌恶行为也一直是金融理论和实证研究中的热点。通过考虑奈特不确定性和投资者对奈特不确定性的态度,很多在经典框架下的市场异象(市场交易中断、市场不参与、市场极端现象、股票溢价之谜、我国非流通股折价现象等)可以在一定的理论框架下得到有效的诠释(Routledge et al,2009;Chen 等,2002;Easley & O'Hara,2009;Dow & Werlang,1992)。从理论层面可知,奈特不确定性对股票市场和资产定价有着重要的影响。但有关奈特不确定性对市场的实际影响,还有赖于实证分析的结果。因此从实证分析的角度来看,奈特不确定性的测度显得特别重要。由于奈特不确定性具有难以捉摸的属性,因此奈特不确定性的测度难以形成一个合理的理论框架。实证中存在的大量测度并不能正视奈特不确定性的本质,反而将风险和奈特不确定性混淆。很多测度方法并不存在普遍的适用性,往往只能测度一些特定资产的奈特不确定性。另外,测度奈特不确定性常用的预测数据也存在选择性偏误(Diether,2002)。受此影响,奈特不确定性的实证资产定价研究也是缓不济急。很多研究都认为奈特不确定性对资产定价有着不可忽视的影响,却无法提供有关奈特不确定性与资产定价间的可靠的实证分析。最典型的是,与奈特不确定性相关的横截面分析和时序效应分析还未取得实质性的进展。Brenner 和 Izhakian(2018)在不确定概率效用模型的框架下,提出了一种利用高频收益率数据测度奈特不确定性的方法。该方法一方面有可靠的理论基础,另一方面具有广泛的通用性。这为相关实证研究提供了良好的基础。

由于市场信息的不确定性和投资决策的行为属性,每个国家的金融市场都不可避免地存在奈特不确定性。相对于发达国家而言,新兴市场的会计报告制度、交易清算系统不完善,对股东和债权的法律保护不全面,导致这些市场的奈特不确定性尤为突出(O'Hara,2010)。作为新兴经济体的领头羊,我国的市场机制和市场特征具有代表性。由于奈特不确定性在横截面效应和时序效应方面的研究还是一片空白,再加上我国市场的奈特不确定性特征具有一定的代表性,因此,本章基于我国股票市场,利用 Brenner 和 Izhakian(2018)的奈特不确定性实证测度方法,从横截面和时序效应两方面实证分析奈特不确定性对我国股票收益的影响。

本文在讨论奈特不确定性的横截面效应时,采用传统的 Fama-Macbeth 回归分析方法(Fama & Macbeth,1973);而在研究时序效应时,将奈特不确定性分解为预期奈特不确定性与非预期奈特不确定性两个部分。这与 Amihud 讨论非流动性时采用的方法类似,但本章沿袭了 Chen 等人(1986)考虑非预期通胀率对股票收益的影响和部分学者(Hasbrouck,1988;Foster & Viswanathan,1993;Brennan & Subrahmanyam,1996)讨论交易量对价格的影响的研究思路,认为个股奈特不确定性所反映的信息并非由其总量提供,而是由其中的非预期奈特不确定性提供。预期奈特不确定性并未包含新的信息,故其对定价可能不会产生影响。相反,非预期奈特不确定性将对市场溢价产生显著的影响。非预期奈特不确定性较大,将给未来的现金流带来极大的不确定性,故折价率也较高。在现金流固定的情况下,这必然会导致现值降低或当前股价下降,从而使得非预期奈特不确定性与股票溢价形成负向关系。因而可以假设非预期奈特不确定性对股票收益有显著的负面影响。这一假设与通常的奈特不确定性谜团是一致的,即投资者承担额外的奈特不确定性,并不会给股票带来合理的股票溢价,反而会降低其投资的预期收益。Miller(1977)指出,这种现象的本质在于,投资者对预期收益的估计各不相同,乐观投资者的过激行为会高估股票的价值,而悲观投资者会低估股票的价值。因受限于卖空约束,最终股票由少部分乐观投资者集中持有,使得股票价格处于高估状态。随后的价格回调会导致预期收益减少或本金遭受损失,因而形成了奈特不确定性的负面效应。实证结果表明:奈特不确定性对股票收益横截面有显著的负面效应;非预期奈特不确定性对股票收益有显著的负面时序效应,而预期奈特不确定性的时序效应并不显著。这些结论为奈特不确定性对资产定价的影响提供了实证证据,具有很丰富的政策含义,对我国乃至其他新兴经济体缓解市场奈特不确定性和维护市场的健康、持续发展都有一定的参考价值。

6.2　样本数据及相关变量

本章依然采用5.2节的样本股票和奈特不确定性。风险是不确定性的重要方面,因此在分析中还会涉及风险的测度变量。作为资产定价的重要因素,流动性也不容忽视,本章将用到 Amihud(2002)的流动性测度。

(1)风险变量

β 值是一种有效的风险测度方式。本章采用锐思数据库的个股月收益 β 值数据。该数据的计算采用流通市值加权方式计算市场的持有期月超额收益,并用个股的前 12 个月的月超额收益对相应的市场月超额收益进行回归,得到市场的 β 值。样本时间区间为 2000 年 1 月到 2018 年 3 月共计 219 个月。风险的另一个直接测度将用到收益的波动性,本章将利用月内日收益率的方差 Var 来测度其波动性,样本股票及样本周期同上。

(2)流动性及其他变量

流动性是在不影响价格的情况下快速买卖证券的能力,其涉及多方面的因素,故难以在单个测度中得以体现。而非流动性则反映了订单流对价格的影响,具体体现在执行市场订单时卖方所认可的折扣或买方所支付的溢价。这主要是逆向选择成本和库存成本所致。在一般的交易中,价格影响就是买卖价差,过度需求越大,价格的影响也越大。Kyle(1985)提出,由于做市商无法区分知情交易者和流动性(噪声)交易者的订单,且订单非平衡象征着知情交易,故他们将价格设定为订单非平衡的递增函数。这就形成了订单流或交易量与价格变化间的正向关系,也就是所谓的价格影响。在研究非流动性对期望股票收益的横截面影响中,其测度形式也多种多样。Amihud 和 Mendelson(1986)以及Eleswarapu(1997)通过报价的买卖价差发现其对股票收益有显著的正效应;Chalmers 和 Kadlec(1998)将摊销有效价差作为流动性测度,发现其对股票收益有正向的影响。这些非流动性的计算需要有关交易和报价的微观数据,而在很多市场中都无法获得时间较长的数据,这对非流动性研究不利。Amihud(2002)

利用市场上容易获取的收益和交易量的日数据,提出了一种非流动性测度,发现预期市场非流动性对股票收益有正向的影响,也即股票超额收益中有非流动性溢价的成分,并且发现股票收益与当期的非预期流动性存在负相关关系。

本章在进行时序效应分析时,将 Amihud(2002)的非流动性测度作为控制变量。具体计算如下,在 t 月中,股票 i 的非流动性 $ILLIQ_{it}$ 定义为当月第 d 个交易日绝对收益 $|R_{idt}|$ 与当天交易额 Vol_{idt} 的比值的平均值,即:

$$ILLIQ_{it} = \frac{1}{N_t}\sum_{d=1}^{N_t}\frac{|R_{idt}|}{Vol_{idt}}.$$

其中:N_t 为 t 月中交易日的数量;$\dfrac{|R_{idt}|}{Vol_{idt}}$ 表示交易日中每一单位交易额所导致的价格变动绝对值,能够反映订单流对交易日价格的影响。

毫无疑问,公司的市值和价值是影响股票收益的重要因素,本章的分析中还用到个股的月流通市值和账面市值比,这些数据来自国泰安数据库。

6.3　股票收益与奈特不确定性之间的横截面关系

6.3.1　Fama-Macbeth 回归分析

本节将采用 Fama-Macbeth 回归分析方法,讨论股票收益与奈特不确定性之间的横截面关系。根据以上股票的特征变量,按照 Fama-Macbeth 回归分析方法的步骤,首先建立以下横截面回归模型:

$$r_{i,t+1} = \alpha_t + k_t \mho_{i,t}^2 + b_t BM_{i,t} + be_t \beta_{i,t} + l_t \log MC_{i,t} + \varepsilon_{i,t+1}\ (t=1,2,\cdots,218).$$

$$(6-1)$$

其中,$t=1$ 表示样本期的第一个月,即 2000 年 1 月。接着利用估计系数的时间序列分析各估计系数的显著性。结果(见表 6-1)显示:奈特不确定性 $\mho^2$ 的平均估计系数为 -0.00252;t 统计量为 -2.1(使用异方差自相关稳健标准误时为 -1.98)。这说明奈特不确定性对股票收益有显著的影响。平均而言,一个单位的奈特不确定性会降低大约 3% 的预期年化收益率。为了考虑月份效应,在 Fama-Macbeth 回归分析方法的第二步中将样本中某些特定月份的数据剔除。春天一般在二月,剔除该月的数据后,奈特不确定性 $\mho^2$ 的平均估计系数为 -0.00253 且 t 统计量为 -2.00,可知奈特不确定性对资产收益的影响不会受到春节效应的影响。若将 12 月的数据剔除,奈特不确定性 $\mho^2$ 的平均系数为

-0.00261 且 t 统计量为 -2.15,该系数的平均值与全样本的变化不大,故奈特不确定性对资产收益的影响也不会受到年末效应的影响。实际上,除分别剔除三月和七月的数据外,剔除其他月份的数据后奈特不确定性对收益率的横截面的负面影响都是显著的。我国"两会"召开的时间为三月,剔除该月份的数据后奈特不确定性的影响不显著,这在一定程度上说明了我国股市具有政策依赖性。

表 6 – 1　模型 6 – 1 的 Fama-Macbeth 回归分析结果

样本时间段	α	$\mho^2$	BM	β	$\ln MC$
200001—201802	0.165***	– 0.00252**	0.0250***	– 0.00136*	– 0.00711***
	(5.34)	(– 2.10)	(5.29)	(– 1.53)	(– 5.34)
	[4.44]	[– 1.98]	[5.26]	[– 1.86]	[– 4.44]
200001—201802	0.146***	– 0.00253**	0.0259***	– 0.00171*	– 0.00633***
剔除 2 月份的数据	(4.54)	(– 2.00)	(5.13)	(– 1.90)	(– 4.56)
200001—201802	0.173***	– 0.00261**	0.0223***	– 0.00157*	– 0.00743***
剔除 12 月份的数据	(5.32)	(– 2.15)	(4.62)	(– 1.70)	(– 5.27)

注:方括号内的数据为 Newey-West 稳健标准误修正的 t 统计量。下同。

在不确定性概率效用理论的框架下,市场溢价分为风险溢价和奈特不确定性溢价两个不同部分。其中风险表示的是收益率的波动性。而根据奈特不确定性的定义,其表示的是收益概率分布的不确定性,是与风险不同的概念。因而可以假设在收益横截面中,风险和奈特不确定性发挥着不同的效应。为了验证这一假设,接下来,在模型 6 – 1 中进一步考虑收益方差 Var,即考察如下模型:

$$r_{i,t+1} = \alpha_t + k_t \times \mho_{i,t}^2 + b_t \times BM_{i,t} + be_t \times \beta_{i,t} + l_t \times \log MC_{i,t}$$
$$+ v_t \times Var_{it} + \varepsilon_{i,t+1}(t = 1,2,\cdots,218). \qquad (6-2)$$

表 6 – 2　模型 6 – 2 的 Fama-Macbeth 回归分析结果

α	$\mho^2$	BM	β	$\ln MC$	Var
0.166***	– 0.00236	0.0246***	– 0.00105	– 0.00717***	– 1.958
(5.52)	(– 1.85)	(5.29)	(– 1.18)	(– 5.52)	(– 1.25)
[4.58]	[– 1.60]	[5.23]	[– 1.44]	[– 4.58]	[– 1.30]
0.165***	– 0.00219	0.0245***		– 0.00720***	– 2.056
(5.51)	(– 1.69)	(5.22)		(– 5.55)	(– 1.30)
[4.55]	[– 1.47]	[5.17]		[– 4.59]	[– 1.36]

表 6 - 2 的结果证实了收益率的波动与奈特不确定性在收益中发挥着不同的影响。奈特不确定性项的平均估计系数为 - 0.0024 , t 统计量为 - 1.85 (使用异方差自相关稳健标准误时为 - 1.60) , 奈特不确定性依然对收益率的横截面有显著的负面影响 , 而收益率的波动对收益率的影响并不显著。而且 , 从不同子样本的 Fama-Macbeth 回归分析结果 (结果见表 6 - 3) 可知 , 收益率方差 Var 并不会改变奈特不确定性在收益率横截面中的影响。由这一结果可知 , 奈特不确定性与波动率在收益率的横截面中互相独立 , 且其影响有一定的稳健性。

表 6 - 3　分别剔除 2 月份和 12 月份的数据后模型 6 - 2 的 *Fama-Macbeth* 回归分析结果

	α	$\mho^2$	BM	β	$\ln MC$	Var
200001—201802	0.148 * * *	- 0.00244 *	0.0255 * * *	- 0.00135	- 0.00643 * * *	- 1.750
剔除 2 月份的数据	(4.70)	(- 1.83)	(5.12)	(- 1.47)	(- 4.72)	(- 1.09)
200001—201802	0.175 * * *	- 0.00237 *	0.0219 * * *	- 0.00122	- 0.00754 * * *	- 2.174
剔除 12 月份的数据	(5.52)	(- 1.78)	(4.61)	(- 1.31)	(- 5.49)	(- 1.35)

6.3.2　横截面效应与股票特征

为进一步确定奈特不确定性效应与公司特征 (如市值、账市比、市场 β 值等) 之间的关系 , 将样本股按照这些特征的大小分成 3 组后再分别进行 Fama-Macbeth 回归分析 , 所得结果见表 6 - 4。

表 6 - 4　按照市值大小、账市比及市场 β 值分 3 组进行 Fama-Macbeth 分析的结果

分组方式	组别	α	$\mho^2$	BM	$BETA$	$\ln MC$
	(1)	0.657 * * *	- 0.00517 * *	0.0452 * * *	0.00168	- 0.0304 * * *
		(10.11)	(- 2.61)	(7.96)	(1.67)	(- 9.93)
		[7.25]	[- 2.58]	[6.61]	[1.61]	[- 7.39]
市值分组	(2)	0.153 * * *	- 0.00143	0.0266 * * *	- 0.00175 *	- 0.00673 * * *
		(3.21)	(- 0.99)	(4.98)	(- 1.71)	(- 3.08)
		[2.77]	[- 0.96]	[5.19]	[- 1.85]	[- 2.67]
	(3)	0.0166	0.000210	0.0211 * * *	- 0.00161	- 0.000619
		(0.50)	(0.14)	(3.42)	(- 1.07)	(- 0.45)
		[0.45]	[0.12]	[3.56]	[- 1.24]	[- 0.40]

续表 6 - 4

分组方式	组别	α	$\mho^2$	BM	BETA	lnMC
账市比分组	(1)	0.177***	-0.00333*	0.0420***	-0.00195**	-0.00775***
		(5.40)	(-2.05)	(3.21)	(-1.97)	(-5.33)
		[4.42]	[-1.86]	[3.05]	[-2.11]	[-4.40]
	(2)	0.185***	-0.00305**	0.0288***	-0.00115	-0.00801***
		(5.31)	(-2.14)	(3.11)	(-1.02)	(-5.29)
		[4.22]	[-2.13]	[2.98]	[-1.33]	[-4.18]
	(3)	0.147***	-0.00151	0.0156***	0.000351	-0.00617***
		(4.64)	(-0.91)	(3.20)	(0.27)	(-4.47)
		[3.97]	[-0.96]	[2.82]	[0.32]	[-3.81]
β 分组	(1)	0.121***	-0.00319*	0.0188***	-0.000198	-0.00506***
		(3.84)	(-2.28)	(3.55)	(-0.11)	(-3.74)
		[3.26]	[-1.95]	[3.35]	[-0.13]	[-3.19]
	(2)	0.165***	-0.00261*	0.0238***	0.00223	-0.00726***
		(5.25)	(-1.80)	(5.37)	(0.75)	(-5.28)
		[4.51]	[-1.90]	[5.28]	[0.76]	[-4.56]
	(3)	0.216***	-0.000829	0.0350***	-0.000813	-0.00970***
		(5.98)	(-0.44)	(5.70)	(-0.63)	(-6.05)
		[5.04]	[-0.43]	[5.74]	[-0.61]	[-5.15]

　　从市值分组的分析结果看,奈特不确定性 $\mho^2$ 的平均估计系数在小市值分组中为 -0.00517,且在 5% 水平上是显著的,而在其他两个市值分组中都不显著。故奈特不确定性效应仅对市值小的股票收益有影响。在实际情况下,市值较小的股票,应对各方面冲击的能力较弱,因此奈特不确定性对股票收益的负面影响相对较大。从账市比分组的分析结果来看,在低账市比和中账市比分组中, $\mho^2$ 的平均估计系数分别为 -0.00333 和 -0.00305,且在 5% 水平上都是显著的;而该系数在高账市比分组中平均而言是不显著的。价值型股票具有收益稳定、价值被低估、安全性较高等特征,故奈特不确定性效应不显著。在市场 β 值分组中,奈特不确定性 $\mho^2$ 的平均估计系数在低 β 组和中 β 组中具有弱显著性,而在高 β 组中并不显著,这说明奈特不确定性的影响在市场风险高的股票中不显著。综合可得,奈特不确定性主要对市值较小、账市比低、 β 较低的股票产生负面影响。

6.4 股票收益与奈特不确定性的时序效应

Hasbrouck(1988)在研究纽约交易所上市公司股票交易量与报价变动的关系时指出,若从一笔交易中能够推断出私密信息的存在,则其并非由总交易量推断而得,而是由其中不可预期的成分(trade innovation,交易信息)而得,因此在研究库存控制假设的不同特征时,采用的是不可预期的交易信息。其原理在于,若交易是自相关的或从历史价格变动中可以预期的,则当期订单中部分是可以预测的,在测度交易的信息内涵时应该将它排除在外。基于同样的思路,Foster 和 Viswanathan(1993)以及 Brennan 和 Subrahmanyam(1996)还研究了交易量对交易价格的影响。Amihud(2002)在分析非流动性溢价时,也将非流动性分解为预期非流动性和非预期非流动性,并发现前者与事先预期的股票超额收益间存在正向关系,后者与当期的收益间存在负向关系。受此启发,利用该思路研究奈特不确定性对股票收益的时序效应,即将每一期的奈特不确定性分为预期奈特不确定性和非预期奈特不确定性,考察它们对股票收益的影响。

6.4.1 估计方法与结果

市场奈特不确定性对股票超额收益的事先预期影响通过以下模型进行建模:

$$E(R_{Mt} - R_{ft} | \ln \mho_{At}^{2E}) = f_0 + f_1 \ln \mho_{At}^{2E}.$$

其中:$R_{Mt} - R_{ft}$表示 t 期市场收益减去无风险收益 R_{ft} 的超额收益;$\ln \mho_{At}^{2E}$表示基于 $t-1$ 时期信息的 t 期预期市场奈特不确定性。t 期的市场奈特不确定性 $\mho_{At}^2$ 等于 t 期的个股奈特不确定性 $\mho_{it}^2$ 的平均值。在讨论中采用对数奈特不确定性 $\ln \mho_{At}^2$。

假设投资者基于 $t-1$ 期的信息来预测 t 期的个股奈特不确定性,并利用该预期定价以获得所要求的收益。假设市场奈特不确定性可以通过一阶自回归模型建模,即:

$$\ln \mho_{At}^2 = c_0 + c_1 \ln \mho_{A,t-1}^2 + v_t. \tag{6-3}$$

其中,v_t 为估计残差,表示当期的非预期奈特不确定性 $\ln \mho_{At}^{2U}$,即 $v_t = \ln \mho_{At}^{2U}$。

在 t 期初,投资者通过 $t-1$ 期的信息确定该期的预期奈特不确定性 $\ln \mho_{At}^{2E}$,

即：

$$\ln \mho_{At}^{2E} = c_0 + c_1 \ln \mho_{A,t-1}^2. \qquad (6-4)$$

以此作为定价基础来确定该期的期望收益。假设模型为：

$$R_{Mt} - R_{ft} = f_0 + f_1 \ln \mho_{At}^{2E} + u_t = g_0 + g_1 \ln \mho_{A,t-1}^2 + u_t.$$

其中：$g_0 = f_0 + f_1 c_0$；$g_1 = f_1 c_1$；u_t 为非预期的超额收益。在此基础上，再考虑非预期奈特不确定性对当前市场收益的影响，则可得如下模型：

$$R_{Mt} - R_{ft} = g_0 + g_1 \ln \mho_{A,t-1}^2 + g_2 \ln \mho_{A,t}^{2U} + w_t. \qquad (6-5)$$

按照 Hasbrouck(1988)的观点，预期奈特不确定性并未包含新的信息，故其对定价可能不会产生影响；相反，非预期奈特不确定性将对市场溢价产生显著影响。非预期奈特不确定性较大，将给未来的现金流带来极大的不确定性，故折价率也较高。在现金流固定的情况下，这必然会导致现值降低或当前股价下降，从而使得非预期奈特不确定性与股票溢价形成负向关系，即 $g_2 < 0$。

在有限样本的情况下，模型 6 - 3 的估计系数 $\hat{c}_1$ 会被低估，故采用 Kendall (1954)的方法进行修正，即在该估计的基础上加 $\dfrac{1 + 3\hat{c}}{T}$（T 为样本容量）。模型 6 - 3 的估计结果如下：

$$\ln \mho_{At}^{2E} = 0.1788 + 0.4298\ln \mho_{A,t-1}^2 + v'_t$$

$$(8.51) \quad (6.96) \qquad R^2 = 0.1833$$

经 Kendall 偏误修正可得 $\hat{c}_1 = 0.4403$，截距项 $\hat{c}_0 = 0.1858$。利用修正的估计系数可以得到非预期奈特不确定性 $v_t = \ln \mho_{A,t}^{2U} = \ln \mho_{A,t}^2 - \hat{c}_0 - \hat{c}_1 \ln \mho_{A,t-1}^2$。在此基础上，即可估计模型 6 - 5 的系数。结果见表 6 - 5。

表 6 - 5　模型 6 - 5 和模型 6 - 6 的回归估计结果

	$\ln \mho_{A,t-1}^2$	$\ln \mho_{A,t}^{2U}$	α	R^2
A：基于模型 6 - 5 对市场超额收益的回归估计				
$R_M - R_f$	0.0054	-0.143***	0.00957	0.0449
	[0.15]	[-3.05]	[0.65]	
B：基于模型 6 - 6 对不同规模组合超额收益的回归估计				
$R_{sz1} - R_f$	0.0586	-0.147***	0.0106	0.0475
	[1.38]	[-3.09]	[0.68]	

续表 6 – 5

	$\ln \hat{\mho}_{A,t-1}^{2}$	$\ln \hat{\mho}_{A,t}^{2U}$	α	R^2
$R_{sz2} - R_f$	0.0261	– 0.160 ***	0.00847	0.0492
	[0.67]	[– 3.27]	[0.56]	
$R_{sz3} - R_f$	0.0194	– 0.176 ***	0.00663	0.0568
	[0.48]	[– 3.53]	[0.42]	
$R_{sz4} - R_f$	0.0215	– 0.156 ***	0.00146	0.0487
	[0.56]	[– 3.07]	[0.10]	
$R_{sz5} - R_f$	0.00321	– 0.164 ***	0.00589	0.0528
	[0.09]	[– 3.26]	[0.40]	
$R_{sz6} - R_f$	– 0.00838	– 0.163 ***	0.00828	0.0532
	[– 0.22]	[– 3.24]	[0.55]	
$R_{sz7} - R_f$	– 0.00992	– 0.156 ***	0.00674	0.0526
	[– 0.27]	[– 3.16]	[0.46]	
$R_{sz8} - R_f$	– 0.0206	– 0.147 ***	0.0111	0.0481
	[– 0.54]	[– 2.95]	[0.70]	
$R_{sz9} - R_f$	– 0.0256	– 0.138 ***	0.0111	0.0475
	[– 0.69]	[– 2.93]	[0.74]	
$R_{sz10} - R_f$	– 0.0571	– 0.0884 *	0.0188	0.0332
	[– 1.53]	[– 1.92]	[1.28]	

可见,预期奈特不确定性对事先预期的市场超额收益并没有显著的影响,$\hat{g}_1 = 0.0054$,相应的 t 统计量为 0.15;而当期的非预期奈特不确定性对市场超额收益有显著的负效应,$\hat{g}_2 = -0.143$,相应的 t 统计量为 – 3.05(经自相关调整)。这恰好证实了之前的假设,即预期奈特不确定性对事先预期的市场收益没有显著效应,但非预期奈特不确定性会给市场收益带来显著的负面影响。表中还列举了预期奈特不确定性和非预期奈特不确定性对不同市值组合的超额收益 $R_{szi} - R_f (i = 1,2,\cdots,10, i = 10$ 表示规模最大的 10% 的公司股票形成的价值加权组合)的影响,即考虑如下模型:

$$R_{szi} - R_{ft} = g_0 + g_1 \ln \eth_{A,t-1}^2 + g_2 \ln \eth_{A,t}^{2U} + w_t. \tag{6-6}$$

从表 6-4 的回归分析结果可知,在这些组合的超额收益中,$\ln \eth_{A,t-1}^2$ 的估计系数都不显著,而非预期奈特不确定性 $\ln \eth_{A,t}^{2U}$ 的估计系数都显著为负,但这些系数并没有呈现出与公司规模相关的明显趋势。总体上看,组合 1 到 9 的系数相差不大,但都低于组合 10 的系数(且其显著性微弱)。这一定程度上说明了在大市值公司中非预期奈特不确定性的负面影响相对较弱,有一定的大公司规模效应。

为了验证奈特不确定性对股票收益时序效应中特定月份的影响,在模型 6-6 中分别加入 m 月份的虚拟变量 $DUM_t^m (m = 1, 2, \cdots, 12)$,即考察以下模型:

$$R_{Mt} - R_{ft} = g_0 + g_1 \ln \eth_{A,t-1}^2 + g_2 \ln \eth_{A,t}^{2U} + b_m DUM_t^m + w_t.$$

回归结果(未报告)表明,除二月份(一般为春节所在月份,$m = 2$)以外,估计系数 b_m 都不显著。但是,非预期奈特不确定性对市场收益的影响都是负的,估计系数 $\hat{g}_2$ 在 -0.147 到 -0.137 之间,且显著性水平都在 1% 以上,即奈特不确定性对股票收益的时序效应不会受到除春节月份外其他特定月份的影响;与此同时,预期奈特不确定性对事先预期的市场收益的影响都不显著。

从奈特不确定性的定义来看,其与常见的风险因子是有区别的。为了从实证角度验证上述结果中非预期奈特不确定性的负面效应,接下来考虑风险调整收益中非预期奈特不确定性的实证效应,即考虑如下模型:

$$R_{FFt} - R_{ft} = g_0 + g_1 \ln \eth_{A,t-1}^2 + g_2 \ln \eth_{A,t}^{2U} + g_3 MKT_t + g_4 SMB_t + g_5 HML_t + w_t.$$
$$\tag{6-7}$$

其中:$R_{FFt} - R_{ft}$ 为 Fama 和 French(1993)的市值—账市比 2×3 分类组合的超额收益;MKT、SMB 和 HML 分别为 Fama-French 三因子中的市场溢酬因子、市值因子和价值因子。估计结果见表 6-5,其中:组合类别的 s(b)表示小(大)市值;l、m 和 h 分别表示低、中、高账市比。

表 6-6　模型 6-7 的回归估计结果

组合	$\ln \eth_{A,t-1}^2$	$\ln \eth_{A,t}^{2U}$	MKT	SMB	HML	α	R^2
sl	-0.0179**	-0.0282**	0.953***	0.857***	-0.291***	-0.00873***	0.9705
	[-2.13]	[-2.24]	[45.79]	[18.74]	[-5.29]	[-3.55]	
sm	-0.0248***	-0.0358***	0.987***	0.897***	-0.103***	-0.00234	0.9789
	[-2.78]	[-3.16]	[60.46]	[25.04]	[-2.66]	[-0.90]	

续表 6 - 6

组合	$\ln \mho_{A,t-1}^2$	$\ln \mho_{A,t}^{2U}$	MKT	SMB	HML	α	R^2
sh	-0.0206***	-0.0270**	0.962***	0.859***	0.308***	-0.00283	0.9745
	[-2.94]	[-2.36]	[51.98]	[17.00]	[5.95]	[-1.24]	
bl	-0.0240***	-0.0271**	0.960***	-0.111**	-0.699***	-0.00154	0.9589
	[-2.99]	[-2.32]	[53.15]	[-2.24]	[-17.19]	[-0.57]	
bm	-0.0181**	-0.0356***	0.990***	-0.162***	-0.0891	-0.00493*	0.9551
	[-2.09]	[-2.92]	[48.22]	[-3.31]	[-1.34]	[-1.85]	
bh	-0.0213**	-0.0284**	0.951***	-0.114**	0.702***	-0.00743***	0.9597
	[-2.41]	[-2.23]	[44.21]	[-2.40]	[13.66]	[-2.72]	

6.4.2 控制波动率情形下奈特不确定性的时序效应

风险用于描述结果(收益)大小的波动性,而奈特不确定性表示的是概率不确定性:它们是两个本质不同的概念。在 EUUP 的框架下,市场溢价可以分解为两个独立的部分,即风险溢价和奈特不确定性溢价。按照这一逻辑,奈特不确定性的时序效应与风险(波动率)的时序效应也应该具有这种独立性。因此,按照上述考虑奈特不确定性效应的思路,将风险也分解为预期风险和非预期风险两部分,并作为控制变量来考察奈特不确定性的时序效应,即考察以下模型:

$$R_{Mt} - R_{ft} = g_0 + g_1 \ln \mho_{A,t-1}^2 + g_2 \ln \mho_{A,t}^{2U} + g_3 \ln Var_{A,t-1} + g_4 \ln Var_{A,t}^U + w_t.$$

$$(6-8)$$

其中,$\ln Var_{A,t}^U$ 为一阶自回归模型 $\ln Var_{At} = c_0 + c_1 \ln Var_{A,t-1} + v_t$ 经 Kendall 方法修正后的残差项,表示当期的非预期波动率。

与模型 6 - 6 类似,也可以考察不同规模的股票组合收益的回归模型,即:

$$R_{szi} - R_{ft} = g_0 + g_1 \ln \mho_{A,t-1}^2 + g_2 \ln \mho_{A,t}^{2U} + g_3 \ln Var_{A,t-1} + g_4 \ln Var_{A,t}^U + w_t.$$

$$(6-9)$$

表 6 - 7 模型 6 - 8 和模型 6 - 9 的回归估计结果

	$\ln \mho_{A,t-1}^2$	$\ln \mho_{A,t}^{2U}$	$\ln Var_{A,t-1}$	$\ln Var_{A,t}^U$	α	R^2
A:基于模型6-8对市场超额收益的回归估计						
$R_M - R_f$	-0.0175	-0.160***	0.0162*	0.0116	0.124*	0.0744
	[-0.41]	[-3.10]	[1.74]	[1.14]	[1.69]	

续表 6-7

	$\ln \mho_{A,t-1}^2$	$\ln \mho_{A,t}^{2U}$	$\ln Var_{A,t-1}$	$\ln Var_{A,t}^U$	α	R^2
B：基于模型 6-9 对不同规模组合超额收益的回归估计						
$R_{sz1}-R_f$	0.0247	-0.168***	0.0239***	0.0147	0.179***	0.0977
	[0.55]	[-3.26]	[2.71]	[1.61]	[2.61]	
$R_{sz2}-R_f$	-0.00292	-0.178***	0.0205**	0.0128	0.153**	0.0870
	[-0.07]	[-3.32]	[2.12]	[1.22]	[2.05]	
$R_{sz3}-R_f$	-0.00884	-0.195***	0.0200**	0.0135	0.148*	0.0931
	[-0.20]	[-3.56]	[2.06]	[1.23]	[1.94]	
$R_{sz4}-R_f$	-0.00341	-0.174***	0.0177*	0.0126	0.126*	0.0800
	[-0.08]	[-3.16]	[1.90]	[1.17]	[1.73]	
$R_{sz5}-R_f$	-0.0194	-0.176***	0.0159*	0.0082	0.118*	0.0752
	[-0.46]	[-3.23]	[1.75]	[0.75]	[1.66]	
$R_{sz6}-R_f$	-0.0301	-0.176***	0.0153	0.00951	0.117	0.0760
	[-0.70]	[-3.26]	[1.61]	[0.91]	[1.56]	
$R_{sz7}-R_f$	-0.0283	-0.169***	0.0131	0.00928	0.0987	0.0715
	[-0.67]	[-3.15]	[1.40]	[0.88]	[1.35]	
$R_{sz8}-R_f$	-0.0394	-0.160***	0.0133	0.00958	0.105	0.0681
	[-0.89]	[-2.96]	[1.39]	[0.90]	[1.39]	
$R_{sz9}-R_f$	-0.0424	-0.148***	0.0119	0.00722	0.0949	0.0638
	[-0.98]	[-2.87]	[1.23]	[0.71]	[1.25]	
$R_{sz10}-R_f$	-0.0585	-0.0934*	0.00121	0.00363	0.0269	0.0343
	[-1.37]	[-1.88]	[0.14]	[0.40]	[0.39]	

从表 6-7 的结果可知，在控制波动率的情形下，奈特不确定性的时序效应模式并未发生改变：非预期奈特不确定性 $\ln \mho_{A,t}^{2U}$ 的估计系数为 -0.160，且在 1% 的显著性水平上是显著的（自相关调整的 t 统计量为 -3.10）；同时预期奈特不确定性项 $\ln \mho_{A,t-1}^2$ 的估计系数是 -0.0175，但不显著（异方差自相关调整的 t 统计量为 -0.41）。这说明波动率的时序效应并不会影响预期奈特不确定性和非预期奈特不确定性在股票收益中的负面效应。这充分反映了奈特不确定性与波动率的独立性，同时也说明了奈特不确定性的时序效应有一定的稳健性。

在这些基于规模的股票组合超额收益的回归结果中，除市值最大组合外，其他组合中的非预期奈特不确定性 $\ln \mho_{A,t}^{2U}$ 的估计系数都在 1% 水平上，显著为负(从 −0.195 到 −0.148);而在市值最大组合中,其估计系数为 −0.0934(其绝对值小于其他组合),显著性比较微弱,t 统计量为 −1.88。这说明在市值最大的公司的股票收益中,非预期奈特不确定性的负面时序效应最弱。而且,这个组合的波动率的时序效应并不显著。这些公司规模较大,公司治理相对较为规范,应对冲击的能力较强,公司股票受波动率的影响较小,这与以奈特不确定性为主的时序效应特征相吻合。

为了进一步确定奈特不确定性的时序效应,接下来从风险调整收益的角度进行分析。为了方便起见,直接在模型 6 – 9 中控制 Fama-French 三因子,即考察以下模型:

$$R_{FFt} - R_{ft} = g_0 + g_1 \ln \mho^2_{A,t-1} + g_2 \ln \mho^{2U}_{A,t} + g_3 \ln Var_{A,t-1} + g_4 \ln Var^U_{A,t}$$
$$+ g_5 MKT_t + g_6 SMB_t + g_7 HML_t + w_t \qquad (6-10)$$

其中 $R_{FFt} - R_{ft}$ 为 Fama 和 French(1993)的市值—账市比 2 × 3 分类组合的市值加权超额收益,MKT、SMB 和 HML 分别为 Fama-French 三因子中的市场溢酬因子、市值因子和价值因子。从表 6 – 8 的估计结果可见,不管是否控制波动率,奈特不确定性时序效应对经 Fama-French 三因子调整的市场超额收益的影响模式与之前的类似,非预期奈特不确定性(风险调整的或未调整的)对当前市场超额收益的影响都显著为负。

表 6 – 8 模型 6 – 10 的回归估计结果

组合	$\ln \mho^2_{A,t-1}$	$\ln \mho^{2U}_{A,t}$	MKT	SMB	HML	α	R^2
sl	−0.0179 **	−0.0282 **	0.953 ***	0.857 ***	−0.291 ***	−0.00873 ***	0.9705
	[−2.13]	[−2.24]	[45.79]	[18.74]	[−5.29]	[−3.55]	
sm	−0.0248 ***	−0.0358 ***	0.987 ***	0.897 ***	−0.103 ***	−0.00234	0.9789
	[−2.78]	[−3.16]	[60.46]	[25.04]	[−2.66]	[−0.90]	
sh	−0.0206 ***	−0.0270 **	0.962 ***	0.859 ***	0.308 ***	−0.00283	0.9745
	[−2.94]	[−2.36]	[51.98]	[17.00]	[5.95]	[−1.24]	
bl	−0.0240 ***	−0.0271 **	0.960 ***	−0.111 **	−0.699 ***	−0.00154	0.9589
	[−2.99]	[−2.32]	[53.15]	[−2.24]	[−17.19]	[−0.57]	
bm	−0.0181 **	−0.0356 ***	0.990 ***	−0.162 ***	−0.0891	−0.00493 *	0.9551
	[−2.09]	[−2.92]	[48.22]	[−3.31]	[−1.34]	[−1.85]	
bh	−0.0213 **	−0.0284 **	0.951 ***	−0.114 **	0.702 ***	−0.00743 ***	0.9597
	[−2.41]	[−2.23]	[44.21]	[−2.40]	[13.66]	[−2.72]	

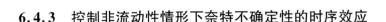

6.4.3 控制非流动性情形下奈特不确定性的时序效应

流动性是股票资产的重要属性，一方面反映了资产变现能力，另一方面也体现了价格对交易量的敏感度。Amihud（2002）提出的非流动性指标反映的是订单流或交易量对价格的影响。交易量信息中可能包含了知情交易信息，会给市场带来一些不确定性，可能导致价格波动。鉴于非流动性对股票收益具有时序效应（Amihud，2002），那么一个自然的问题就是，这种形式的非流动性对我国股票价格的时序效应是否涵盖了奈特不确定性。为此，接下来考察控制非流动性下的奈特不确定性的时序效应，即考察以下模型：

$$R_{Mt} - R_{ft} = g_0 + g_1 \ln \mho_{A,t-1}^2 + g_2 \ln \mho_{A,t}^{2U} + g_3 \ln ILLIQ_{A,t-1} + g_4 \ln ILLIQ_{A,t}^U + w_t.$$

$$(6-11)$$

其中，$\ln ILLIQ_{A,t}^U$ 为回归模型 $\ln ILLIQ_{At} = c_0 + c_1 \ln ILLIQ_{A,t-1} + v_t$ 经 Kendall 方法修正后的残差项，表示的是当期的非预期非流动性。

与模型 6-6 和 6-9 类似，也可以考察不同规模的股票组合收益的回归模型，即：

$$R_{szi} - R_{ft} = g_0 + g_1 \ln \mho_{A,t-1}^2 + g_2 \ln \mho_{A,t}^{2U} + g_3 \ln ILLIQ_{A,t-1} + g_4 \ln ILLIQ_{A,t}^U + w_t.$$

$$(6-12)$$

回归估计结果见表 6-9。

表 6-9 模型 6-11 和 6-12 的回归估计结果

	$\ln \mho_{A,t-1}^2$	$\ln \mho_{A,t}^{2U}$	$\ln ILLIQ_{A,t-1}$	$\ln ILLIQ_{A,t}^U$	α	R^2
A：基于模型 6-11 对市场超额收益的回归估计						
$R_M - R_f$	0.00583	-0.144***	-0.00232	-0.00175	0.0132	0.0466
	[0.16]	[-3.18]	[-0.46]	[-0.22]	[0.78]	
B：基于模型 6-12 对不同规模组合超额收益的回归估计						
$R_{sz1} - R_f$	0.061	-0.150***	-0.0028	-0.0070	0.0143	0.0548
	[1.47]	[-3.28]	[-0.44]	[-0.83]	[0.81]	
$R_{sz2} - R_f$	0.0271	-0.160***	-0.0040	-0.0035	0.0146	0.0540
	[0.70]	[-3.43]	[-0.70]	[-0.40]	[0.84]	
$R_{sz3} - R_f$	0.0199	-0.175***	-0.0048	-0.0027	0.0143	0.0622
	[0.50]	[-3.70]	[-0.93]	[-0.31]	[0.81]	

续表 6 - 9

	$\ln \mho_{A,t-1}^{2}$	$\ln \mho_{A,t}^{2U}$	$\ln ILLIQ_{A,t-1}$	$\ln ILLIQ_{A,t}^{U}$	α	R^2
$R_{ss4} - R_f$	0.0216	− 0.155***	− 0.0047	− 0.0015	0.0092	0.0539
	[0.56]	[− 3.21]	[− 0.92]	[− 0.18]	[0.53]	
$R_{ss5} - R_f$	0.00337	− 0.163***	− 0.0049	− 0.0018	0.0138	0.0584
	[0.09]	[− 3.42]	[− 0.98]	[− 0.20]	[0.81]	
$R_{ss6} - R_f$	− 0.00795	− 0.162***	− 0.0039	− 0.0022	0.0145	0.0572
	[− 0.21]	[− 3.39]	[− 0.80]	[− 0.26]	[0.82]	
$R_{ss7} - R_f$	− 0.0102	− 0.155***	− 0.0028	− 0.0001	0.0114	0.0544
	[− 0.27]	[− 3.30]	[− 0.60]	[− 0.01]	[0.67]	
$R_{ss8} - R_f$	− 0.0202	− 0.147***	− 0.0027	− 0.0018	0.0154	0.0503
	[− 0.52]	[− 3.07]	[− 0.61]	[− 0.24]	[0.87]	
$R_{ss9} - R_f$	− 0.0253	− 0.138***	− 0.0020	− 0.0013	0.0143	0.0489
	[− 0.67]	[− 3.04]	[− 0.50]	[− 0.18]	[0.85]	
$R_{sz10} - R_f$	− 0.0578	− 0.0872*	− 0.0003	0.0018	0.0196	0.0338
	[− 1.56]	[− 1.94]	[− 0.07]	[0.30]	[1.23]	

结果表明:在控制非流动性后,预期奈特不确定性对预期市场超额收益的效应不显著,$\ln \mho_{A,t-1}^{2}$ 的估计系数为 0.00583,t 统计量为 0.16;而非预期奈特不确定性 $\ln \mho_{A,t}^{2U}$ 对当期的市场超额收益依然有显著的负效应,该估计系数为 − 0.144,t 统计量为 − 3.18。作为控制变量,非流动性(预期的或非预期的)对市场超额收益都无显著的影响。

这些基于市值分类的组合的超额收益回归分析结果表明,奈特不确定性的时序效应模式与上述情形下的模式类似。所有非预期奈特不确定性 $\ln \mho_{A,t}^{2U}$ 的估计系数都为负。其中,市值最大组合的非预期奈特不确定性 $\ln \mho_{A,t}^{2U}$ 的估计系数为 − 0.0872,是所有系数中绝对值最小的系数,且显著性较为微弱,t 统计量为 − 1.94。这说明市值最大的公司的股票受非预期奈特不确定性的时序效应的影响最小。而其他市值组合的 $\ln \mho_{A,t}^{2U}$ 的估计系数都在 1% 水平上,且显著为负。若考虑 Fama-French 三因子风险调整模型,即(6 - 13),则所得结果(未报告)与表 6 - 8 类似,表现为:非预期奈特不确定性 $\ln \mho_{A,t}^{2U}$ 的估计系数都显著为负;预期奈特不确定性 $\ln \mho_{A,t-1}^{2}$ 的估计系数也显著为负。综合可知,非预期奈特不确定性的负面影响对于非流动性而言是稳健的。

$$R_{FFt} - R_{ft} = g_0 + g_1 \ln \eth_{A,t-1}^2 + g_2 \ln \eth_{A,t}^{2U} + g_3 \ln ILLIQ_{A,t-1} + g_4 \ln ILLIQ_{A,t}^U$$
$$+ g_5 MKT_t + g_6 SMB_t + g_7 HML_t + w_t. \tag{6-13}$$

实际上,联合控制预期和非预期的风险和非流动性后,所估计的结果与相应模型的估计结果都类似,即非预期奈特不确定性的负面效应都是显著的,且这种效应在市值较小的股票中影响较为微弱。

6.4.4　子样本分析

这里主要将样本时期分为两段:2000 年 1 月至 2008 年 12 月(前期)、2009 年 1 月至 2018 年 3 月(后期)。首先在这两个时期内分别对模型 6-5、6-8 和 6-11 进行估计(结果见表 6-10,另外该表中提供了联合控制风险和非流动性的估计结果)。

表 6-10　模型 6-5、6-8 和 6-11 在不同时期的估计结果

时期	$\ln \eth_{A,t-1}^2$	$\ln \eth_{A,t}^{2U}$	$\ln Var_{A,t-1}$	$\ln Var_{A,t}^U$	$\ln ILLIQ_{A,t-1}$	$\ln ILLIQ_{A,t}^U$	α
前期	-0.0249	-0.0557					0.0108
	[-0.64]	[-0.87]					[0.61]
	-0.0864*	-0.101	0.0257**	0.0217*			0.189**
	[-1.77]	[-1.45]	[2.42]	[1.67]			[2.24]
	-0.0469	-0.0768			-0.0227***	-0.0304***	0.0632**
	[-1.53]	[-1.29]			[-2.80]	[-2.94]	[2.47]
	-0.0834	-0.116*	0.0168	0.0222*	-0.0165**	-0.0260*	0.164
	[-1.60]	[-1.73]	[1.17]	[1.70]	[-2.00]	[-1.89]	[1.54]
后期	-0.0275	-0.269***					0.032
	[-0.46]	[-4.16]					[1.36]
	-0.072	-0.283***	0.0249**	0.00153			0.219**
	[-1.16]	[-4.19]	[2.05]	[0.11]			[2.39]
	-0.0589	-0.279***			0.00458	0.0117	0.0385
	[-0.96]	[-5.24]			[0.75]	[1.43]	[1.54]
	-0.156**	-0.322***	0.0420***	0.00776	0.00925	0.0170**	0.356***
	[-2.25]	[-5.07]	[3.17]	[0.57]	[1.48]	[2.02]	[3.59]

在前期,非预期奈特不确定性 $\ln \eth_{A,t}^{2U}$ 的估计系数分别为 -0.0557、-0.101 和 -0.0768,t 统计量分别为 -0.87、-1.45 和 -1.29,这说明前期的非预期奈

特不确定性对股票收益的影响并不显著,这与全样本的估计结果完全不同。但是,在后期,这三个模型的估计系数分别为 -0.269、-0.283 和 -0.279,且都在 1% 水平上显著。因此,非预期奈特不确定性对股票收益的影响在前期不显著,而在后期变为显著。若分别利用市值分类组合收益对这两个时期的相应变量进行回归(即考虑模型 6-6、6-9 和 6-12),则可以得到类似的估计结果(未报告)。在后期,不管是否控制风险项和非流动性项,非预期奈特不确定性的估计系数都在 1% 水平上显著为负;而在前期,绝大部分非预期奈特不确定性的估计系数是不显著的,仅在控制风险项和非流动性项时,在市值最小分组中具有 5% 的显著性水平。接下来,对前、后期分别估计三因子风险调整模型 6-7、6-10 和 6-13(结果未报告)。在前期,对于所有市值—账市比分类组合而言,非预期奈特不确定性的估计系数都不显著;而在后期,大部分情形下该估计系数都在 5% 水平上显著。

这些结果都说明一个有意思的结论:在前期,非预期奈特不确定性对股票收益的影响并不显著,反而在后期对股票收益有显著的影响。在进入 21 世纪后,随着我国社会经济的发展,我国股市也发生了巨大的变化,市场机制和市场环境都得到极大的优化。全球一体化进程和改革开放的深入,给我国市场带来机遇的同时也带来了巨大的挑战。作为一个新兴市场,我国的各种制度尚不完善。近些年来,我国市场开放程度越来越大,来自其他发达市场的外部冲击和不确定性对我国市场的影响也日益加大。因此,股票收益中的非预期奈特不确定性效应在近些年变得更为显著。这一结果也印证了,我国股票市场在全球化一体化进程中受到外围市场的冲击,国际市场对我国的风险传染不容小觑。相关部门应该从控制奈特不确定性的角度,完善和优化市场机制设计和监管法制执行,提高市场抵御外围风险传染的能力。

6.5　本章小结

作为新兴经济体的排头兵,我国市场在信息披露、交易机制、监管体系等方面都不成熟;投资者投机炒作、内幕交易的现象较为严重,导致市场缺乏深度,容易出现极端现象,造成我国市场整体奈特不确定性偏高。随着我国改革开放的深入和全球一体化进程的加快,我国股市不能再"独善其身"。各个国家和地区的市场互动紧密,外围市场对我国市场具有金融传染效应(李红权等,2011;

何敏园,2018),使我国市场容易受到国际市场的冲击,一定程度上加剧了我国市场的奈特不确定性。这给我国政策监管制度和市场体系设计带来挑战。

本章研究结果表明:奈特不确定性对股票收益的横截面有显著的负面效应,并有一定的稳健性。我国市场的奈特不确定性整体偏高,反映了投资者缺乏价值投资理念和基本面投资理念,导致投资收益偏低且持续性不强;而在时序效应方面,当期非预期奈特不确定性对股票收益有显著的负面影响,相反,预期奈特不确定性的影响不显著。市场微观结构设计和监管体制直接影响奈特不确定性的大小(Easley & O'Hara,2009,2010),因而,这两方面的实证结果都有很明显的政策意义。政府部门应完善和创新资本市场机制和证券交易体系,完善会计报告标准,创新交易清算系统,完善保护债权和股东权益的法律体系,控制市场中的奈特不确定性,激发中小投资者参与市场的热情。

本章的结论对一般的新兴经济体国家也有一定的参考价值。O'Hara(2007)提到,在监管不力和法制不健全的新兴经济体中,市场微观结构在化解奈特不确定性时大有作为。然而,在传统的市场设计中通常考虑的是交易所会员的利益,这适得其反:只会加剧市场的奈特不确定性。必须要认识到,与风险不同的是,奈特不确定性是非对称的。必须让投资者吃定心丸,使他们相信他们所认为的最坏情形不会发生。特定的会计标准、公司盈利要求和公司治理规范等一系列的上市要求可以让投资者相信这些公司是正常运营的;交易所的交易规则和协议及交易监测系统让潜在的投资者认为交易是公平的、非操纵的;良好的清算结算程序保障买卖双方成功交易;交易所规定的公司治理要求和投票限制有助于打消投资者在法律保障方面的顾虑。通过一系列的举措优化市场微观结构,能够减少新兴市场的奈特不确定性,提高市场参与率,维护市场健康、持续发展。

第7章 奈特不确定性与金融监管

市场微观结构的研究是根据一定交易规则下资产交易的过程和结果,探索交易机制如何影响价格形成的方法。微观结构分析涉及交易的方方面面,如价值的起源、交易的原因、交易机制或协议、价格形成、流动性、市场透明度、微观结构数据的计量分析等。本章主要阐明奈特不确定性与市场微观结构、金融监管的关系,论述在市场设计中考虑奈特不确定性的必要性和金融监管在控制奈特不确定性中的重要角色。最后,结合我国市场的实际情况,从奈特不确定性的视角,提出了一些关于金融监管的建议。

7.1 市场微观结构与奈特不确定性

资本市场可以通过各种方法和各种形式的组织来实现资本供需的匹配,为公司和企业提供资本,同时为投资者提供金融产品。其中,股票交易所是一种重要的组织形式,其基本功能就是提供流动性和价格发现。流动性和价格发现是相互关联的:能够提供价格发现的市场一般会有很好的流动性;反过来,在流动性很好的市场中,价格有效性也很好。但是,两者还是有区别的:流动性的问题主要源于买卖双方的非同步性;而价格发现的效率在于公司基本面信息是否在股价中得以体现。一个交易所生存的立足点在于其能否很好地履行这些职能。

流动性反映的是投资者交易资产的难易程度和成本高低,包括交易成本、执行交易的时间(即时性)和交易对价格的影响等,可以归结为交易的执行成本。交易执行成本的大小是决定市场竞争力的关键因素。因此提高市场流动性是交易所的功能所在。流动性与市场规模、技术和设计这三方面有着直接的关系:市场规模越大,可以吸纳越多交易者的需求和供给,形成规模效应,从而达到降低交易成本的目的;交易系统的好坏也可以降低执行成本;设计也很关键,不同的交易设置使得市场更具有吸引力,带来更多的交易量,从而降低交易成本。流动性更好的市场中,买方成本更低,卖方收益更高。交易系统的有效性能够为流动性提供保障。对于交易不频繁的资产,流动性也可以由交易商的参与来提供;对于期货或期权合约,高度的标准化能够提供更高的流动性。很多研究表明(Amihud,1986,2002)流动性与投资者所要求的收益之间存在显著的关系:流动性越大,交易成本越低,投资者向公司要求的补偿也越低,公司的资本成本也就越低。

价格发现指的是市场发现有效价格的能力。有效价格反映的是公司潜在的前景,前景发生变化,公司股价也会随之变化。价格是否能够及时准确地反映公司基本面是所有交易所的重要指标。影响价格有效性的有两个方面。一方面是价格的公平性和完整性。防止价格操控的监督以及防范欺诈和自我交易的监管,能够保障价格的完整性。另一方面是信息的结构。投资者获取公司信息的多少直接影响价格反映信息的程度。交易所对会计制度、信息披露的要求和对公司治理标准的规定能够加强公司的信息结构,当然,这些要求在上市的基本要求和监管制度中都有体现。价格发现的有效性直接关系到投资者持有资产的风险。在信息不对称的情况下,能获取私密信息的投资者能以更大的优势获得不当收益,给仅能获取公开信息的交易者带来损失。Easley 和 O'Hara(2002)发现,由于信息不对称的因素,不知情交易者只有在更多的补偿下才会持有私密信息风险更大的股票。有证据表明,更多的披露(Botosan,1997)、禁止内幕交易(Bhattacharya & Daouk,2002)会降低资本成本。有关信息透明性的规定、各种强制性的公开披露规定、交易的报告要求等都会影响投资者获取信息的质量和数量,当然也会影响价格随信息调整的速度(效率)。

为了分析奈特不确定性对公司上市决策的影响,Easley 和 O'Hara(2010)构建了一个由精明投资者、非精明(奈特不确定性厌恶)投资者、公司、具有不同市场微观结构的两个市场(交易所市场和场外市场)组成的模型,并分别得到了交易所市场和场外市场的资产均衡价格,给出了参与均衡和不参与均衡的条件。这里的交易所市场是指具有降低奈特不确定性作用的市场,场外市场则没有这种作用。分析表明,交易所要吸引更多的公司和投资者,其交易系统结构和市场规则设计就非常关键。非精明投资者是否参加市场与方差的不确定性无关,但方差的不确定性会影响投资者的资产持有量,因此会影响公司的上市选择。在交易所上市时,非精明投资者会认为有更低的 $\sigma^2_{\max}$。相比于非交易所市场,交易所市场的非精明投资者对资产的需求会更大。公司在有上市费用的交易所市场上市还是在无费用的场外市场上市,取决于在交易所上市中剔除费用后的价格增幅。若有关方差的不确定性非常小或者说可能的方差集很小,那么公司在交易所上市并无多大优势,因而会选择在场外交易。当方差不确定性比较大时,公司在交易所上市的优势就比较明显。但是方差不确定性非常大时,非精明投资者需求量小,所以在交易所上市也无明显优势。该模型表明公司上市地点的选择取决于交易所减少的奈特不确定性(从而使更多的非精明投资者参与)与对交易所费用的权衡。这个模型阐明了减少奈特不确定性会给投资者带来更大的流动性、给交易所带来更大的交易量、给公司上市带来更低的发行成本,形成"三赢"的局面。

最近,我国学者何俊勇和张顺明(2018)考察了基于相关系数的奈特不确定性,并以此研究了金融市场中的有限参与问题。该模型假设存在两个奈特不确定性不同的市场,发现风险资产在不同的市场中的配置决策会不同,从而导致市场均衡状态和资产的均衡价格也不一样。这能够为公司股票的发行提供有价值的参考。这说明了市场微观结构对降低市场奈特不确定性的重要性。他们认为要降低市场的奈特不确定性,必须严格执行 IPO 标准,充分披露信息,提高市场透明度。这对于提高市场参与率和市场流动性非常重要。

7.2　金融监管与奈特不确定性

较低的交易执行成本和高效的价格发现是股票市场设计的两大基本目标。Easley 和 O'Hara(2009,2010)指出,奈特不确定性与微观市场结构紧密相关;美国金融学会原主席 O'Hara 在欧洲金融管理协会会议上的主旨演讲(O'Hara,2007)中提出,微观结构的作用还应包括奈特不确定性的消减。她认为,奈特不确定性厌恶可以为市场不参与现象提供一个内生的解释方法。人们在面对奈特不确定性时,往往对所幻想的可能最坏情形有过多的顾虑,表现出恐惧心理,最终不愿参与市场或选择"落袋为安"而退出市场。

如前所述,流动性要以一定的规模作为基础,然而奈特不确定性的存在及投资者的奈特不确定性厌恶会导致市场不参与现象的产生。Easley 和 O'Hara(2009)在研究市场监管对奈特不确定性的影响时,发现在奈特不确定性下会出现不参与均衡。该结果表明,当非精明投资者认为可能的收益过低时,其风险资产需求为零,即不参与市场。非精明投资者参与市场的选择取决于其幻想的最低收益。在微观结构设计中,若能通过相应的措施提高投资者所认为的最低收益或缩小分布参数集,控制奈特不确定性,则市场参与率就会提高。良好的市场设计能够引导更多的投资者参与市场,能够促进流动性的产生和提高价格发现的效率。很多市场微观结构设计都充当了消减奈特不确定性的功能,如上市标准、结算与清算协议、交易监测系统、良好的履约保障等。

尽管微观市场的基本功能在于提供流动性和价格发现,但本质上还是减少奈特不确定性。交易所的诸多特征都与减少奈特不确定性密切相关,如交易所有关上市的要求就是让投资者确信公司的存在性,清算和结算规则能够缓解投资者对交易权利的顾虑,各种信息披露的规定能够打消投资者对公司是否能持续经营的担心。可见,消减奈特不确定性是微观结构设计的本质所在。交易所提供的认证服务,可以缓解非精明投资者对公司和交易方面的担忧。一般地,一个公司上市并不会改变自身的风险—收益特征,由会计数据体现的公司前景也不会影响其上市地点的选择。但是,由于非精明投资者的信念变化,公司股价因他们的市场参与率增加而受到影响。上市会增加股票股东的数量,另外,市场参与率的增加会带来价格的正向变化。有证据表明,公司股票交易从纳斯达克(NASDAQ)或美国证券交易所(AMEX)转到纽约证券交易所(NYSE)会带来股价的正向效应(Christie & Huang,1994),而从 NYSE 退市转向粉单市场(pink sheet)对股价有很大的负面效应(Macey et al,2008)。

交易所的上市标准可以减少公司特有的奈特不确定性,以免公司进入投资者的黑名单。但是上市公司标准并不能确保该公司是一个好公司或公司股票是好的投资,因为交易所不会对公司的运营计划进行调查,也不会收集其经营效率和业绩的数据,也没有要求公司盈利或为其投资者提供收益。因此,与那些评级机构不一样的是,交易所的上市要求只关注公司的持续性。另外,股票的好坏与其担保方有关,而与交易所无关。因此,在这一逻辑下,交易所只是起到安慰剂的作用,改变非精明投资者的信念,让他们觉得他们所幻想的最坏收益均值或方差是不可能出现的。

对于清算与结算问题,投资者可能担心交易对手的信用问题。保证金条款就是用来应对交易对手违约问题的。不同的平台都有类似的问题,也有不同的措施。这些措施犹如淘宝网购物时使用的支付宝一样,可以减少平台清算和结算中的不确定性。一些外汇平台会利用复杂的预选系统,来限制不同交易间的不确定性。坊间也曾有人呼吁将信用违约掉期（credit default swap，简称 CDS）的交易转到交易所，这就说明交易所能够通过净结算交易排除最坏的情形，从而减少对交易对手因未收到款而无法交付的担忧。

金融监管，特别是对一些不太可能发生的事件的监管，可以降低奈特不确定性，从而提高金融市场的参与率。法规的实施旨在限制负面极端事件的发生，提高市场参与率。而因为信息不对称，诸如信息披露之类的传统方法在这方面是做不到的。由于奈特不确定性厌恶主要的诱因在于极端负面的结果，因此有效的监管只需关注一些"左尾"事件。实际上，很多监管实践的执行也反映了减少奈特不确定性的功能。2015 年我国实施的银行存款保险制度能够保障存款人的资金安全，这种制度本质上就是提高存款人所认为的最低支付，至少能够保证存款本金的安全。只有确保那些可能的最坏情况实际不会发生，才能使厌恶奈特不确定性的投资者心安理得地将钱存入银行。这种存款保险制度的实施是一种有效的控制奈特不确定性的方式，更多的储户在给银行带来更多资源的同时，还增强了银行自身抵抗风险的能力。市场中秉持"大而不倒（too big to fail）"的信念也是投资者自我控制奈特不确定性的一种方式，人们总是依赖于投资背后的实体规模或政府信用来提高投资的最低可能支付。1998 年国际货币基金组织拒绝救助危机中的俄罗斯及 2008 年雷曼兄弟公司的破产实际上打破了这种信念，带来更大的奈特不确定性，给投资者带来更低的最低可能支付，致使投资者即便知道收益更高也不参与市场或进行安全资产转移（flight to quality）。我国2017 年 7 月 1 日起实施的《证券期货投资者适当性管理办法》被称为史上最严的投资者保护法。该法要求投资顾问只能向顾客推荐适当的产品，否则，将赔偿由此给顾客造成的损失。因此，投资者在承担投资风险的同时，还可以扫除对投资顾问的可能不当行为的顾虑。这一适当性规则的实施有助于降低奈特不确定性，提高投资的最低可能支付。

越来越多的证据（Bekaert et al, 2001）表明，一个国家的金融市场的发展必然会促进其经济的发展。因此，市场微观结构的重要性不仅体现在对市场自身的影响，还体现在其对整体经济的影响。一个市场赖以生存的根本在于流动性和价格发现。对于中国这样的新兴经济体而言，奈特不确定性对市场的影响是不言而喻的。一个没有足够规模的市场不可能成功，这就要求投资者有广泛的市场参与率。然而，对于新兴经济体国家的很多投资者而言，市场充满了奈特不确定性,如公司会采用不同的会计和报告标准、有瑕疵的清算与结算系统、不健全的债务和股权的法律保障。这些问题都会导致投资者形成更高的奈特不确定性,进而选择不参与市场。

在法规制度和法律保障还不太健全的发展中国家,加强金融监管可能是引导投资者参与市场的唯一有效途径。O'Hara(2007)认为,旨在减少奈特不确定性的市场设计不能像以前那样,总是关注一些狭隘的目标,如交易所成员的利益、为外资设立门槛的市场准入制度等。这种做法只会适得其反,不会起到缓解奈特不确定性的作用。要注意,与风险不同的是,奈特不确定性是非对称的。厌恶奈特不确定性的投资者只有在确保其所认为的最差情形不会发生时才会心安。严格的上市标准可以设定一些特殊的会计处理方法和公司盈利的要求,再加上公司的正规手续至少能使投资者不必担忧公司经营的持续性问题;交易规则和协议(包括交易监测系统)可以保证交易的公平性和非操控性;功能完备的清算结算程序可以让买卖双方的交易有始有终。在法制不健全的发展中国家,交易所提出的公司治理要求和实施的投票制度可以减少投资者对法制保障方面的担忧。

7.3 关于我国金融监管的若干建议

党的十九大报告指出,中国特色社会主义进入新时代,我国社会主要矛盾已经转化为人民日益增长的美好生活需要和不平衡不充分的发展之间的矛盾。诸多经济领域的深层次结构性问题和国家实施的供给侧改革,使得我国股票市场面临复杂的内部和外部环境。在外部环境不利的大背景下,投资者的奈特不确定性显然会高于通常水平,这势必导致市场参与率的减少和交易量的下滑。此时,交易所的市场设计和监管部门的合规性执法显得尤为重要。这几年相关部门的改革举措取得了立竿见影的效果,但依然面临着传统市场缺陷和新形势的挑战,尤其在保护广大中小投资者方面依然任重道远。

2015年的股灾给股票市场防范系统性风险打了一剂强心针。监管机构从投资者利益的角度加强了对上市公司的监管,推出了一系列有针对性的措施。为了防止上市公司假借并购重组进行利益输送,证监会于2016年9月修订了《上市公司重大资产重组管理办法》,明确了公司重大资产重组的界定标准并强化了重大资产重组的监管。这是监管部门的实质性举措,防止了部分公司跟风重组、频繁重组,扰乱市场秩序,保护了中小投资者的利益。我国上市公司大股东大都有急于减持套现的想法,一些股东不顾公司业绩,过快地将风险转嫁于广大中小投资者。据统计(见图7-1),近年来上市公司重要股东在二级市场的交易主要是减持,在2015年达到顶峰,净减持股份数达1707亿股,占流通A股的4.6%,净减持股票参考市值达2011亿元,给市场带来极端下行风险。

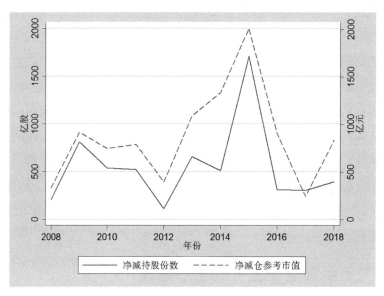

图7-1 历年来上市公司重要股东二级市场净减持交易统计

2017年5月,证监会发布了《上市公司股东、董监高减持股份的若干规定》,上海和深圳股票交易所也颁布了相应的实施细则。新规定对公司高管人员和大股东的减持行为进行了限制,这对维护股市稳定和保护公司小股东利益有极大的促进作用,能有效地减少恶意减持套现、清仓式减持给市场带来的不稳定因素。我国在投资者保护政策层面也在逐渐加强。2017年7月1日起实施的《证券期货投资者适当性管理办法》,被称为"史上最严投资者保护办法",通过对投资者归档分类,进行适当性管理,通过风险提示向投资者充分展示投资风险,防止投资者被投资顾问或交易商不当利用,达到进一步保护投资者的目的。在监管执法方面,2016年以来,证监会针对上市公司的信息披露违规违法、内幕交易和市场恶意操控的不法行为,开展了专项执法行动。

表 7 - 1　近三年因信息披露受到相关部门处分的公司和个人的统计结果

处分主体	2016 年	2017 年	2018 年
公司(单位:次)	187	274	646
个人(单位:人次)	578	903	1486

统计显示(见表 7 - 1),近三年中,因信息披露问题而受到证监会或交易所等部门处分的公司和个人数量逐年大幅上升。其中:2018 年对公司处分的次数是 2017 年的 2 倍多;2018 年对个人处分的人次比 2017 年增加约 65%。这些处分涉及虚假信息或重大事项披露不及时或不准确等方面。公开数据显示,证监会近三年的年罚没款金额已从 2016 年的 42.83 亿上升到 2018 年的 106.41 亿。监管部门通过日趋严厉的执法行动对市场乱象进行了治理,对上市公司的高管和股东的违规行为起到一定的威慑作用,能够促使公司经营规范化。

这些举措正是与奈特不确定性相关研究(Easley & O'Hara,2009,2010;O'Hara,2001,2007)的具体体现。公司高管和大股东具有绝对的信息、资源和技术优势,交易规则和监管政策的漏洞容易被他们非法利用,使处于弱势地位的中小投资者利益受损,容易使市场动荡。正如前面所提到的存款保险制度一样,投资者需要的是投资利益的基本保障和市场交易的公平公正,这需要相关部门在市场设计和监管执法方面积极作为。相关部门及时到位的查漏补缺措施、严格有效的监管执法,有利于保护投资者利益和消除投资者的奈特不确定性,能有效提高广大投资者的市场参与率,对维护市场稳定和防范系统性风险有重要的意义。当前,面对新形势和新挑战,在公司治理、制度执行、外部风险防范、新技术应用等方面都存在对投资者保护不足的问题。这些问题是奈特不确定性产生的主要源头,是控制奈特不确定性的重点关注领域。

由中国社科院发布的《中国上市公司质量评价报告》(张跃文、王力,2018)显示:2017 年 A 股上市公司(样本为 2451 家非金融上市公司)的综合质量平均得分为 63.63 分[①],基本与 2016 年持平,还有很大的上升空间。公司间的综合

① 该指标为百分制,是基于股东利益最大化的原则,考虑价值管理、价值创造和价值分配三个方面的能力,综合 9 项基础指标(公司治理、财务管理、创新能力、内部控制、信息披露、股价维护、股利政策、投资者保护、企业社会责任)而得。

质量评分差距比较明显;价值创造能力和价值分配能力严重不足。相当一部分公司的创新能力不足或者忽视创新的投入,有1200多家公司的研发投入与销售收入比低于3%,导致价值创造能力低下;投资者保护措施未得到广泛的推行,在股东大会选举董事和监事的投票中,有2100多家公司未采用累积投票制,中小股东参与公司治理的权利和能力微弱;有1000多家公司全年不组织投资者沟通交流活动。在股利政策、投资者保护和履行社会责任方面,相当一部分公司消极怠慢,严重影响了上市公司的质量,是影响中小投资者奈特不确定性的不利因素。在公司治理方面,相关部门要积极引导公司优化股权结构,打破大部分公司"一股独大"的局面,保证股权分散和股权集中的优化平衡;要赋予中小投资者保障自身权益的权限,提高公司透明度,建立有效的公司信息披露制度,建立保障中小投资者话语权的法律机制;要优化董事会结构,保障股东大会、董事会和经理层三权的独立性,避免其混合交叉;要建立完善的监事会监督体制,加强监事会的监督和约束职能。

受一些社会因素的影响,我国股票市场规则和制度应有的严肃性和权威性不足,导致市场不公平。2017年8月,中国联通披露混改方案,向中国人寿等9家战略投资者非公开发行90.37亿股股份,每股6.83元,约占该公司总股本(212亿股)的42.63%。这一比例明显超出《上市公司非公开发行股票实施细则》所规定的20%。而这一规定是半年前才修订的结果,此举是为了限制公司过度融资,且已经对部分盲目融资的公司起到很好的限制作用:一些原本计划巨额融资的公司纷纷修订融资方案,按规定大幅缩减融资金额。然而,证监会很快发出了通告,决定将联通公司混改中非公开发行股份列为个案处理,适用公司再融资制度修订前的规则。这明显背离我国股市市场化的方向,挑战了市场公平性规则,容易给投资者带来不确定性。在法规制度面前应该做到公平公正、人人平等。监管部门应该维护法规制度的严肃性,不搞特权批条子行为,树立国有企业遵章守法的典范;严惩执法过程中出现的利益输送、权钱交易等贪污腐败行为,树立阳光执法之风;严惩违法主体或个人,形成法规震慑效应,形成"违法重惩、遵章褒扬"之风。

一些研究结果表明,随着改革开放的不断深入和全球一体化进程的加快,我国市场与外围市场间的联系越来越紧密。李红权等人(2011)运用Hong

(1996,2001)提出的信息溢出检验方法,全面分析了我国市场与外围市场(美股市场、港股市场)之间的互动关系。结果表明,美国市场占据主导地位,对香港市场及我国市场有传染效应。与此同时,李红权和何敏园(2017)利用 Diebold 和 Yilmaz(2009)的溢出指数模型研究了国内外市场间的波动率溢出关系,发现欧美发达国家市场是净溢出传输者,而诸如中国之类的新兴经济体市场为净接受者。这说明我国市场不再是"独立市",受外围市场(特别是发达市场)的冲击,这些冲击也会给市场带来不确定性。尤其是,外围市场的动荡容易使我国投资者产生恐慌情绪,进而对投资前景产生不确定性。因此在风险防范方面,相关部门要建立科学合理的风险识别、风险预警模型,保持金融风险监测的实时化和动态化,形成有效的风险应对机制,保障政策措施的时效性,注重政策措施的时滞性和前瞻性。

随着信息技术的发展,交易平台和交易技术也在不断创新。比较典型的是量化投资和高频交易(high-frequency trading)(O'Hara,2014,2015)。这些技术能够改善流动性,但同时也蕴含了巨大的策略风险和操作风险。2013 年 8 月,光大证券因高频交易投资系统技术操作不当导致的"乌龙指"事件就是最直接的教训。这些先进的交易技术,利用专业的投资技术优势、先进的交易算法、大数据优势、高性能计算机及托管服务器,能够在毫秒间完成信息处理、生成算法、执行交易等一系列的操作。高频交易者拥有绝对的时间优势和技术优势,故可能进行不公平的市场交易,如利用报价塞单(quote stuffers)和报价哄骗(quote danglers)等手段操控市场,进行掠夺式交易。作为这些交易的对手,普通投资者无疑是被鱼肉的一方,投资利益势必遭受侵蚀。因此,新的交易技术也会给普通投资者带来不确定性。那么,在这些新的交易技术被应用的背景下,如何保障不同投资者之间的公平性是监管当局应考虑的问题。为此,监管部门要建立高频交易和程序化交易的市场准入规范,形成交易前、交易中、交易后的风险控制机制;建立与新技术交易适应的监管制度,维护交易的公平性和公正性,避免形成监管空白,保障相关法律法规的稳定性和明确性,防止产生道德风险;建立跨市场、多部门的信息共享平台和风险联动监测机制,防范市场极端事件的发生。

另外,完善的法律保障体系也是保障投资者的基础,完善有效的民事赔偿机制能够提高投资者索赔的效率。从长远来看,投资者教育也很有意义,掌握必需的金融专业知识能够提高投资者自身的风险识别能力,增强投资者自身的风险防范意识。广大中小投资者是市场的血液和活力,保护中小投资者利益是控制市场奈特不确定性的关键要领,是一项与市场设计、政策法规、公司管理和投资者自身相关的系统性工程,是市场实现造血功能的重中之重。金融监管要从公司治理、制度执行、外部风险防范、新技术应用等方面入手,形成有效的法规制度和监管措施,控制市场中的奈特不确定性,维护金融市场的稳定。

第 8 章 总结与展望

8.1 研究总结

进入后金融危机时代已十年有余,全球经济仍在危机余震中缓慢复苏。世界经济、政治和社会依然面临着挑战。不确定性已成为世界各国面对的重要问题。在此背景下,本文系统地研究了奈特不确定性条件下的投资者行为和资产定价模型,并从实证的角度验证了我国资产定价中的奈特不确定性效应。主要的研究工作如下:

首先,分析了我国股票市场的奈特不确定性特征。比较发现,我国市场的奈特不确定性显著高于美国市场(Brenner & Izhakian,2018)。这一结果符合O'Hara(2001)对新兴经济体市场的论述,与我国实际相符。在月份效应分析中,一月份的奈特不确定性最高,二月份次之,三月份有明显的下降趋势。这表明我国投资者对公司业绩、春节效应、政策效应的担忧。子样本的分析表明:周一的奈特不确定性最大;在接下来的工作日,奈特不确定性逐渐平稳下降。这体现了周末的市场消息在工作日逐渐消化的过程。另外交易日早盘的奈特不确定性高于收盘期间的奈特不确定性。这体现了隔夜消息的不确定性在交易日逐渐被市场消化和削弱的过程。我国投资者整体水平不高,对市场消息的解读能力参差不齐,必然导致市场的奈特不确定性偏高。只有经过一段时间的消化,消息解读的分歧才会缓和,故工作日或交易日初期的奈特不确定性偏高;随时间推移,奈特不确定性呈现递减趋势并趋于平稳。这些结果都表明我国市场的投资者过度依赖消息面、忽视公司基本面的投资理念。

其次,讨论了我国股票市场中奈特不确定性对市场溢价的影响,并从中发掘我国投资者对奈特不确定性的态度模式。结果表明,我国的市场溢价中奈特不确定性溢价是显著的,而风险溢价并不显著。一系列的稳健性检验说明,我国市场溢价中的奈特不确定性效应是一致的。这一结果为审视我国市场的不确定性开创了新视野。总体而言,我国投资者的奈特不确定性态度和盈利收益概率呈现出倒 S 形的模式特征,且奈特不确定性随盈利收益概率上升,由奈特不确定性喜好逐渐向奈特不确定性厌恶过渡。比较发现,投资者的奈特不确定性厌恶程度或奈特不确定性喜好程度都明显高于美国市场的投资者,表现出我国投资者不成熟的一面——对奈特不确定性的态度不够平稳。从奈特不确定性态度的角度来看,它没有显著的周一和周二效应,但有显著的周三、周四和周五效应。隔夜效应会显著地影响投资者对奈特不确定性的态度,而对尾盘没有显著的影响。检验还发现,我国股票市场的投资者并没有显著的多重概率期望效用偏好和主观效用偏好。

再次,从 Fama-Macbeth 分析的角度阐明了奈特不确定性作为定价因子的必要性;在此基础上,结合 Frazzini 和 Pedersen(2014)构造套利 β 因子的秩加权思想,构造了基于奈特不确定性的定价因子 LMH^{bab},并通过因子拓展检验阐明基于该因子建立 Fama-French 三因子拓展模型的可行性。GRS 检验结果也表明,纳入该因子后,各项检验结果都有所改进。实证分析了该拓展模型在资产定价中的有效性,结果表明:该因子在资产定价中具有一定的解释力,是资产定价模型理论的补充;诸如动量因子 MOM,盈利因子 RMW 和投资因子 CMA 这些常见的因子并不会影响 LMH^{bab} 在股票平均收益中的解释力。王春峰等人(2015)提出的交互项因子 $AMBI \cdot RMRF$ 也不会影响奈特不确定性因子 LMH^{bab} 在股票平均收益中的效应。由此可见,奈特不确定性因子 LMH^{bab} 对我国股票收益横截面具有稳健的影响,是资产定价中不容忽视的有效因子。由于本文只考虑了我国市场,因此基于奈特不确定性因子 LMH^{bab} 的三因子拓展模型更广泛的有效性有待进一步研究。

最后,研究了奈特不确定性对股票收益的横截面效应和时序效应。结果表明在我国市场中奈特不确定性对股票收益横截面有显著的负面效应,并有一定的稳健性。这与我国市场实际比较吻合。我国市场的奈特不确定性整体偏高,导致投资者缺乏价值投资和基本面投资理念,进而使得投资收益偏低且持续性不强。在时序效应方面,建立了一个基于预期奈特不确定性和非预期奈特不确定性的资产定价模型。结果表明:非预期奈特不确定性对股票收益有显著的负面影响;而预期奈特不确定性对股票收益的影响不显著。预期奈特不确定性并未包含新的信息,因此可能不会对定价产生影响;相反,非预期奈特不确定性将对市场溢价产生显著影响。若非预期奈特不确定性较大,将给未来的现金流带来极大的不确定性,故折价率也较高。在现金流固定的情况下,这必然会导致现值降低或当前股价下降,从而使得非预期奈特不确定性与股票溢价间形成负向关系。这两方面的结果都表明了控制奈特不确定性对我国市场资产定价的重要性。值得一提的是,将样本时期分为两段(2000 年 1 月至 2008 年 12 月、2009 年 1 月至 2018 年 3 月)分别分析后发现:在前一时期中,非预期奈特不确定性对股票收益的影响并不显著;在后一时期中,非预期奈特不确定性对股票收益有显著影响。这一结果也印证了以下事实:在全球化一体化进程中我国股票市场受到外围市场的冲击,而外围市场的冲击加剧了奈特不确定性对我国市场的影响。因此,国际市场的风云变幻对我国市场的风险传染不容小觑。

本文的研究结果对于我国的市场设计、金融监管和风险管理有重要的参考价值。政府部门应完善和创新资本市场机制和证券交易体系,严格执行会计报告标准,创新交易清算系统,完善保护债权和股东权益的法律体系,减少奈特不确定性的源头。监管当局应当从保护中小投资者利益的角度出发,从公司治理、制度执行、风险防范、新技术应用等方面入手,控制市场的奈特不确定性,激发广大中小投资者参与市场的热情,维护市场平稳、健康发展。

8.2　研究展望

金融市场的奈特不确定性是一个方兴未艾的研究主题,引发了国内外广大学者的关注和思考。本文主要研究我国股票市场中奈特不确定性对市场和资产定价的影响,探索性地形成了一些有关奈特不确定性效应的初步结论。在今后的研究中,以下内容也值得关注:

ⅰ)一些特殊事件(如政治事件、行业重大事件、自然灾害等)的发生会引发市场和投资者的关注,必然影响市场或个股的奈特不确定性。利用事件分析法,研究一些特殊事件对市场或个股的奈特不确定性影响对于金融决策具有十分重要的意义。

ⅱ)本文中基于奈特不确定性的实证资产定价模型(公式 5 - 3 和公式 6 - 5),在实证分析中只考虑了我国市场的情形。考虑到其更广泛的有效性和适用性,利用其他国际主要市场的数据验证这些模型是十分有必要的。

ⅲ)奈特不确定性是影响决策的重要因素,具有很强的行为属性。由于奈特不确定性测度具有局限性,目前大部分投资组合选择理论仅从风险的角度进行分析,忽略了不确定性的另一个重要方面,即奈特不确定性。因此在投资组合选择模型中考虑奈特不确定性有一定的必要性和实践价值,能够丰富现有的资产配置理论。

iv)目前有很多关于奈特不确定性的测度方法,各种方法都有相应的优势。综合相关的测度方法,建立奈特不确定性的综合测度方法有助于融合各种测度方法的优势。从综合的角度而言,利用奈特不确定性综合测度方法研究其对市场或股票收益的影响更具说服力。

参 考 文 献

［1］李晓广,张岩贵.我国股票市场与国际市场的联动性研究:对次贷危机时期样本的分析［J］.国际金融研究,2008,(11):75-80.

［2］骆振心.金融开放、股权分置改革与股票市场联动:基于上证指数与世界主要股指关系的实证研究［J］.当代财经,2008,(4):52-57.

［3］李红权,洪永森,汪寿阳.我国A股市场与美股、港股的互动关系研究:基于信息溢出视角［J］.经济研究,2011(8):15-25,37.

［4］李红权,何敏园.我国股市的对外溢出效应与国际影响力研究:基于Copula-DCC-GARCH模型［J］.系统科学与数学,2017,37(8):1790-1806.

［5］何敏园.国内外金融市场间的相依结构及风险溢出关系研究［D］.长沙:湖南师范大学,2018.

［6］EASLEY D,O'HARA M. Microstructure and ambiguity［J］. The journal of finance,2010,65(5):1817-1846.

［7］EASLEY D,O'HARA M. Ambiguity and nonparticipation:the role of regulation［J］. The review of financial studies,2009,22(5):1817-1843.

［8］DOW J,WERLANG S R D C. Uncertainty aversion,risk aversion,and the optimal choice of portfolio［J］. Econometrica,1992,60(1):197-204.

［9］O'HARA M. Optimal microstructures［J］. European financial management,2007,13(5):825-832.

［10］O'HARA M. Designing markets for developing countries［J］. International review of finance,2001,2(4):205-215.

［11］KNIGHT F H. Risk,uncertainty and profit［M］. Boston:Houghton Mifflin Company. 1921.

［12］COX Jr L A. Confronting deep uncertainties in risk analysis［J］. Risk analysis,2012,32(10):1607-1629.

［13］ELLSBERG D. Risk,ambiguity,and the savage axioms［J］. The quarterly journal of economics,1961,75(4):643-669.

[14] HEATH C, TVERSKY A. Preference and belief: ambiguity and competence in choice under uncertainty[J]. Journal of risk and uncertainty, 1991(4):5 – 28.

[15] FOX C R, TVERSKY A. Ambiguity aversion and comparative ignorance [J]. The quarterly journal of economics, 1995, 110(3):585 – 603.

[16] PARDO J V, DICKHAUT J, SMITH K, et al. Neuronal substrates for choice under ambiguity, risk, gains, and losses[J]. Management science, 2002, 48 (6):711 – 718.

[17] RUSTICHINI A, DICKHAUT J, GHIRARDATO P, et al. A brain imaging study of the choice procedure[J]. Games and economic behavior, 2005, 52(2): 257 – 282.

[18] HUETTEL S A, STOWE C J, GORDON E M, et al. Neural signatures of economic preferences for risk and ambiguity[J]. Neuron, 2006, 49(5):765 – 775.

[19] GLIMCHER P W, RUSTICHINI A. Neuroeconomics: the consilience of brain and decision[J]. Science, 2004, 306(5695):447 – 452.

[20] KRAIN A L, WILSON A M, ARBUCKLE R, et al. Distinct neural mechanisms of risk and ambiguity: a meta-analysis of decision-making[J]. Neuroimage, 2006, 32(1):477 – 484.

[21] BRAND M, GRABENHORST F, STARCKE K, et al. Role of the amygdala in decisions under ambiguity and decisions under risk: evidence from patients with urbach-wiethe disease[J]. Neuropsychologia, 2007, 45(6):1305 – 1317.

[22] HSU M, BHATT M, ADOLPHS R, et al. Neural systems responding to degrees of uncertainty in human decision-making[J]. Science, 2005, 310(5754): 1680 – 1683.

[23] FRISCH D, BARON J, Ambiguity and rationality[J]. Journal of behavioral decision making, 1988, 1(3):149 – 157.

[24] EINHORN H J, HOGARTH R M. Ambiguity and uncertainty in probabilistic inference[J]. Psychological review, 1985, 92(4):433 – 461.

[25] HANSEN L P. Nobel lecture: uncertainty outside and inside economic models[J]. Journal of political economy, 2014, 122(5):945 – 987.

[26]HANSEN L P,MARINACCI M. Ambiguity aversion and model misspecification:an economic perspective[J]. Statistical science,2016,31(4):511 –515.

[27]DIETHER K B,MALLOY C J,SCHERBINA A. Differences of opinion and the cross section of stock returns[J]. The journal of finance,2002,57(5): 2113 –2142.

[28]PARK C. Stock return predictability and the dispersion in earnings forecasts[J]. The journal of business,2005,78(6):2351 –2375.

[29]YU J L. Disagreement and return predictability of stock portfolios[J]. Journal of financial economics,2011,99(1):162 –183.

[30]ANDERSON E W,GHYSELS E,JUERGENS J L. The impact of risk and uncertainty on expected returns[J]. Journal of financial economics,2009,94(2): 233 –263.

[31]CARLIN B I,LONGSTAFF F A,MATOBA K. Disagreement and asset prices[J]. Journal of financial economics,2014,114(2):226 –238.

[32]ANDREOU P C,KAGKADIS A,PHILIP D,et al. Differences in options investors' expectations and the cross-section of stock returns[J]. Journal of banking and finance,2018(94):315 –336.

[33]GOETZMANN W N,MASSA M. Dispersion of opinion and stock returns [J]. Journal of financial markets,2005,8(3):325 –350.

[34]GARFINKEL J A,SOKOBIN J. Volume,opinion divergence,and returns: a study of post-earnings announcement drift[J]. Journal of accounting research, 2006,44(1):85 –112.

[35]CHEN J,HONG H,STEIN J C. Breadth of ownership and stock returns [J]. Journal of financial economics,2002,66(2 –3):171 –205.

[36]JIANG H,SUN Z. Dispersion in beliefs among active mutual funds and the cross-section of stock returns[J]. Journal of financial economics,2014,114(2): 341 –365.

[37]WILLIAMS C D. Asymmetric responses to earnings news:a case for ambiguity[J]. Accounting review,2015(2):785 –817.

[38]BRENNER M,IZHAKIAN Y. Asset pricing and ambiguity:empirical evi-

dence[J]. Journal of financial economics,2018,130(3):503 – 531.

[39]MILLER E M. Risk,uncertainty,and divergence of opinion[J]. The journal of finance,1977,32(4):1151 – 1168.

[40]HONG H,STEIN J C. Disagreement and the stock market[J]. Journal of economic perspectives,2007,21(2):109 – 128.

[41]BAGNOLI M,BENEISH M D,WATTS S G. Whisper forecasts of quarterly earnings per share[J]. Journal of accounting and economics,1999,28(1):27 – 50.

[42]JAME R,JOHNSTON R,MARKOV S,et al. The value of crowdsourced earnings forecasts[J]. Journal of accounting research,2016,54(4):1077 – 1110.

[43]GARFINKEL J A. Measuring investors' opinion divergence[J]. Journal of accounting research,2009,47(5):1317 – 1348.

[44]DRECHSLER I. Uncertainty,time-varying fear,and asset prices[J]. The journal of finance,2013,68(5):1843 – 1889.

[45]DIMMOCK S G,KOUWENBERG R,MITCHELL O S,et al. Ambiguity aversion and household portfolio choice puzzles:empirical evidence[J]. Journal of financial economics,2016,119(3):559 – 577.

[46]DIMMOCK S G,KOUWENBERG R,WAKKER P P. Ambiguity attitudes in a large representative sample[J]. Management science,2016,62(5):1363 – 1380.

[47]丛明舒. 模糊性、模糊厌恶与期权定价[J]. 金融学季刊,2017,11(1): 46 – 72.

[48]IZHAKIAN Y. Expected utility with uncertain probabilities theory[J]. Journal of mathematical economics,2017,69:91 – 103.

[49]BAKER S R,BLOOM N,DAVIS S J. Measuring economic policy uncertainty[J]. The quarterly journal of economics,2016,131(4),1593 – 1636.

[50]BLOOM N. The impact of uncertainty shocks[J]. Econometrica,2009,77(3):623 – 685.

[51]MEHRA R,PRESCOTT E C. The equity premium:a puzzle[J]. Journal of monetary economics,1985,15(2):145 – 161.

[52]CAMPBELL J Y,COCHRANE J H. By force of habit:a consumption-

based explanation of aggregate stock market behavior[J]. Journal of political economy,1999,107(2):205 – 251.

[53]BOYARCHENKO N. Ambiguity shifts and the 2007 – 2008 financial crisis [J]. Journal of monetary economics,2012,59(5):493 – 507.

[54]ILLEDITSCH P K. Ambiguous information, portfolio inertia, and excess volatility[J]. The journal of finance,2011,66(6):2213 – 2247.

[55]GUIDOLIN M,RINALDI F. A simple model of trading and pricing risky assets under ambiguity:any lessons for policy-makers? [M]. Applied financial economics,2010,20(1 – 2):105 – 135.

[56]MUKERJI S,TALLON J M. Ambiguity aversion and incompleteness of financial markets[J]. The review of economic studies,2001,68(4):883 – 904.

[57]HUANG H H,ZHANG S M,ZHU W. Limited participation under ambiguity of correlation[J]. Journal of financial markets,2017,32:97 – 143.

[58]GARLAPPI L,UPPAL R,WANG T. Portfolio selection with parameter and model uncertainty:a multi-prior approach[J]. The review of financial studies,2007, 20(1):41 – 81.

[59]JORION P. International portfolio diversification with estimation risk[J]. The journal of business,1985,58(3):259 – 278.

[60]PASTOR L. Portfolio selection and asset pricing models[J]. The journal of finance,2000,55(1):179 – 223.

[61]BOYLE P,GARLAPPI L,UPPAL R, et al. Keynes meets Markowitz:the trade-off between familiarity and diversification [J]. Management science,2012,58(2):253 – 272.

[62]EPSTEIN L G,MIAO J J. A two-person dynamic equilibrium under ambiguity[J]. Journal of economic dynamics and control,2003,27(7):1253 – 1288.

[63]MACCHERONI F,MARINACCI M,RUFFINO D. Alpha as ambiguity:robust mean-variance portfolio analysis[J]. Econometrica,2013,81(3):1075 – 1113.

[64]KLIBANOFF P,MARINACCI M,MUKERJI S. A smooth model of decision making under ambiguity[J]. Econometrica,2005,73(6):1849 – 1892.

[65]CHEN Z J,EPSTEIN L. Ambiguity,risk,and asset returns in continuous

time[J]. Econometrica,2002,70(4):1403 - 1443.

[66]IZHAKIAN Y,BENNINGA S. The uncertainty premium in an ambiguous economy[J]. The quarterly journal of finance,2011,1(2):323 - 354.

[67] COCHRANE J H. Volatility tests and efficient markets:a review essay [J]. Journal of monetary economics,1991,27(3):463 - 485.

[68]KOGAN L,WANG T. A simple theory of asset pricing under model uncertainty[EB/OL]. (2016 - 02 - 14). https://www. doc88. com/p - 4985253249401. html.

[69]OZSOYLEV H,WERNER J. Liquidity and asset prices in rational expectations equilibrium with ambiguous information[J]. Economic theory,2011,48(2 - 3):469 - 491.

[70] ANTONIOU C,HARRIS R D F,ZHANG R G. Ambiguity aversion and stock market participation:an empirical analysis[J]. Journal of banking and finance, 2015,58:57 - 70.

[71]CHEW S H,SAGI J S. Small worlds:modeling attitudes toward sources of uncertainty[J]. Journal of economic theory,2008,139(1):1 - 24.

[72]AHN D,CHOI S,GALE D,et al. Estimating ambiguity aversion in a portfolio choice experiment[J]. Quantitative economics,2014,5(2):195 - 223.

[73]BOSSAERTS P,GHIRARDATO P,GUARNASCHELLI S,et al. Ambiguity in asset markets:theory and experiment[J]. The review of financial studies,2010,23 (4):1325 - 1359.

[74]POTAMITES E,ZHANG B. Heterogeneous ambiguity attitudes:a field experiment among small-scale stock investors in China[J]. Review of economic design, 2012,16(2 - 3):193 - 213.

[75] ABDELLAOUI M,BAILLON A,PLACIDO L,et al. The rich domain of uncertainty:source functions and their experimental implementation[J]. American economic review,2011,101(2):695 - 723.

[76]FAMA E F,MACBETH J D. Risk,return,and equilibrium:empirical tests [J]. The journal of political economy,1973,81(3):607 - 636.

[77]ROSS S A. The arbitrage theory of capital asset pricing[J]. Journal of

economic theory,1976,13(3):341 - 360.

[78]CHEN N F,ROLL R,ROSS S A. Economic forces and the stock market [J]. The journal of business,1986,59(3):383 - 403.

[79]FAMA E F,FRENCH K R. Common risk factors in the returns on stocks and bonds[J]. Journal of financial economics,1993,33(1):3 - 56.

[80]FAMA E F,FRENCH K R. A five-factor asset pricing model[J]. Journal of financial economics,2015,116(1):1 - 22.

[81]MERTON R C. An intertemporal capital asset pricing model[J]. Econometrica,1973,41(5):867 - 887.

[82]BREEDEN D T. An intertemporal asset pricing model with stochastic consumption and investment opportunities[J]. Journal of financial economics,1979,7(3):265 - 296.

[83]FAMA E F,FRENCH K R. Dissecting anomalies with a five-factor model [J]. The review of financial studies,2016,29(1):69 - 103.

[84]AMIHUD Y. Illiquidity and stock returns:cross-section and time-series effects[J]. Journal of financial markets,2002,5(1):31 - 56.

[85]EASLEY D,O'HARA M. Information and the cost of capital[J]. The journal of finance,2004,59(4):1553 - 1583.

[86]CARHART M M. On persistence in mutual fund performance[J]. The journal of finance,1997,52(1):57 - 82.

[87]IZHAKIAN Y. A theoretical foundation of ambiguity measurement[EB/OL]. https://dx. doi. org/10. 2139/ssrn. 1332973.

[88]吴卫星,汪勇祥. 基于搜寻的有限参与、事件风险与流动性溢价[J]. 经济研究,2004,(8):85 - 93,127.

[89]邹小芃,黄峰,杨朝军. 流动性风险、投资者流动性需求与资产定价[J]. 管理科学学报,2009,12(6):139 - 149.

[90]苏冬蔚,麦元勋. 流动性与资产定价:基于我国股市资产换手率与预期收益的实证研究[J]. 经济研究,2004(2):95 - 105.

[91]韩立岩,周娟. Knight 不确定环境下基于模糊测度的期权定价模型 [J]. 系统工程理论与实践,2007,27(12):123 - 132.

［92］张慧,陈晓兰,聂秀山.不确定环境下再装股票期权的稳健定价模型［J］.中国管理科学,2008,16(1):25－31.

［93］石丽娜,张顺明.暧昧与部分知情交易的资产定价［J］.管理科学学报,2018,21(12):70－94.

［94］郭荣怡,张顺明,纪晨.暧昧环境下的不对称信息更新与资产定价研究［J］.系统工程理论与实践,2018,38(7):1633－1655.

［95］王春峰,余思婧,房振明,等.中国证券市场 Knight 不确定性度量及资产定价研究［J］.系统工程理论与实践,2015,35(5):1116－1122.

［96］CAMERER C,WEBER M. Recent developments in modeling preferences：uncertainty and ambiguity［J］. Journal of risk and uncertainty,1992,5(4):325－370.

［97］ETNER J,JELEVA M,TALLON J M. Decision theory under ambiguity［J］. Journal of economic surveys,2012,26(2):234－270.

［98］GILBOA I,POSTLEWAITE A W,SCHMEIDLER D. Probability and uncertainty in economic modeling［J］. Journal of economic perspectives,2008,22(3):173－188.

［99］NEUMANN J V,MORGENSTERN O. Theory of games and economic behavior［M］. Princeton：Princeton University Press,1944.

［100］SAVAGE L J. The foundations of statistics［M］. New York：John Wiley & Sons,1954.

［101］ANSCOMBE F J,AUMANN R J. A definition of subjective probability［J］. Annals of mathematical statistics,1963,34(1):199－205.

［102］CHOQUET G. Theory of capacities［J］. Annales de l'institut Fourier,1954,5:131－295.

［103］WAKKER P P. Prospect theory：for risk and ambiguity［M］. New York：Cambridge University Press,2010.

［104］TVERSKY A,KAHNEMAN D. Advances in prospect theory：cumulative representation of uncertainty［J］. Journal of risk and uncertainty,1992,5(4):297－323.

［105］YAARI M E. The dual theory of choice under risk［J］. Econometrica,

1987,55(1):95 – 115.

[106]QUIGGIN J. A theory of anticipated utility[J]. Journal of economic behavior and organization,1982,3(4):323 – 343.

[107]LI H Q,YI Z H,FANG Y. Portfolio selection under uncertainty by the ordered modular average operator[J]. Fuzzy optimization and decision making,2019, 18(1):1 – 14.

[108]SCHMEIDLER D. Subjective probability and expected utility without additivity[J]. Econometrica,1989,57(3):571 – 587.

[109]SCHMEIDLER D. Integral representation without additivity[J]. Proceedings of the American mathematical society,1986,97(2):255 – 261.

[110]GILBOA I,SCHMEIDLER D. Maxmin expected utility with non-unique prior[J]. Journal of mathematical economics,1989,18(2):141 – 153.

[111] GHIRARDATO P, MACCHERONI F, MARINACCI M. Differentiating ambiguity and ambiguity attitude[J]. Journal of economic theory,2004,118(2): 133 – 173.

[112]HURWICZ L. Some specification problems and applications to econometric models[J]. Econometrica,1951,19(3):343 – 344.

[113]HAYASHI T,MIAO J J. Intertemporal substitution and recursive smooth ambiguity preferences[J]. Theoretical economics,2011,6(3):423 – 472.

[114]JU N J,MIAO J J. Ambiguity,learning,and asset returns[J]. Econometrica,2012,80(2):559 – 591.

[115]NAU R F. Uncertainty aversion with second-order utilities and probabilities[J]. Management science,2006,52(1):136 – 145.

[116]ERGIN H,GUL F. A theory of subjective compound lotteries[J]. Journal of economic theory,2009,144(3):899 – 929.

[117]SEO K. Ambiguity and second order belief[J]. Econometrica,2009,77 (5):1575 – 1605.

[118] EPSTEIN L G,WANG T. Intertemporal asset pricing under Knightian uncertainty[J]. Econometrica,1994,62(2):283 – 322.

[119]KOPYLOV I. Simple axioms for countably additive subjective probability

[J]. Journal of mathematical economics,2010,46(5):867 – 876.

[120] HONG H, STEIN J C. A unified theory of underreaction, momentum trading,and overreaction in asset markets[J]. The journal of finance,1999,54(6): 2143 – 2184.

[121] PENG L, XIONG W. Investor attention, overconfidence and category learning[J]. Journal of financial economics,2006,80(3):563 – 602.

[122] HIRSHLEIFER D, TEOH S H. Limited attention, information disclosure, and financial reporting[J]. Journal of accounting and economics,2003,36(1 – 3): 337 – 386.

[123] VIGNA D S, POLLET J M. Investor inattention and Friday earnings announcements[J]. The journal of finance,2009,64(2):709 – 749.

[124] KANDEL E, PEARSON N D. Differential interpretation of public signals and trade in speculative markets[J]. Journal of political economy,1995,103(4): 831 – 872.

[125] DIAMOND D W, VERRECCHIA R E. Constraints on short-selling and asset price adjustment to private information[J]. Journal of financial economics, 1987,18(2):277 – 311.

[126] HONG H, STEIN J C. Differences of opinion, short-sales constraints, and market crashes[J]. The review of financial studies,2003,16(2):487 – 525.

[127] HARRIS M, RAVIV A. Differences of opinion make a horse race[J]. The review of financial studies,1993,6(3):473 – 506.

[128] WANG J. A model of intertemporal asset prices under asymmetric information[J]. The review of economic studies,1993,60(2):249 – 282.

[129] HE H, WANG J. Differential information and dynamic behavior of stock trading volume[J]. The review of financial studies,1995,8(4):919 – 972.

[130] KRAUS A, SMITH M. Market created risk[J]. The journal of finance, 1989,44(3):557 – 569.

[131] BAILEY W, CHUNG Y P, KANG J K. Foreign ownership restrictions and equity price premiums:what drives the demand for cross-border investments? [J]. Journal of financial and quantitative analysis,1999,34(4):489 – 511.

[132]CHAN K,MENKVELD A J,YANG Z S. Information asymmetry and asset prices:evidence from the China foreign share discount[J]. The journal of finance,2008,63(1):159 − 196.

[133]CHEN G M,LEE B S,RUI O. Foreign ownership restrictions and market segmentation in China's stock markets[J]. The journal of financial research,2001,24(1):133 − 155.

[134]MEI J P,SCHEINKMAN J A,XIONG W. Speculative trading and stock prices:evidence from Chinese A/B share premia[J]. Annals of economics and finance,2009,10(2):225 − 255.

[135]EUN C,JANAKIRAMANAN S,LEE B S. The Chinese discount puzzle[J]. Center for International Business Education and Research,Georgia Tech University Working Paper,2001.

[136]李雪,韩立岩,周娟. Knight 不确定性环境下资产定价的均衡数值试验研究[J]. 首都经济贸易大学学报,2008(1):115 − 122.

[137]ANDERSEN T G,BOLLERSLEV T,DIEBOLD F X,et al. The distribution of realized stock return volatility[J]. Journal of financial economics,2001,61(1):43 − 76.

[138]SCHOLES M,WILLIAMS J. Estimating betas from nonsynchronous data[J]. Journal of financial economics,1977,5(3):309 − 327.

[139]KENDALL M G,STUART A. The advanced theory of statistics[M]. London:Macmillan Publishers Limited,1977.

[140]FRENCH K R. Stock returns and the weekend effect[J]. Journal of financial economics,1980,8(1):55 − 69.

[141]JAFFE J,WESTERFIELD R. The week-end effect in common stock returns:the international evidence[J]. The journal of finance,1985,40(2):433 − 454.

[142]奉立城. 中国股票市场的"周内效应"[J]. 经济研究,2000(11):50 − 57.

[143]BERRY T D,HOWE K M. Public information arrival[J]. The journal of finance,1994,49(4):1331 − 1346.

［144］HESTON S L，KORAJCZYK R A，SADKA R. Intraday patterns in the cross-section of stock returns［J］. The journal of finance，2010，65（4）：1369 – 1407.

［145］NEUMANN J V，MORGENSTERN O. Theory of games and economic behavior［M］. Princeton：Princeton University Press，1953.

［146］RAMSEY F P. Truth and probability［M］，New York：Harcourt，Brace and Co. ，1926.

［147］FINETTI R B. Sul significato soggettivo della probabilita［J］. Fundamenta mathematicae，1931，17：298 – 329.

［148］JAFFRAY J Y. Coherent bets under partially resolving uncertainty and belief functions［J］. Theory and decision，1989，26（2）：99 – 105.

［149］GUIDOLIN M，RINALDI F. Ambiguity in asset pricing and portfolio choice：a review of the literature［J］. Theory and decision，2012，74（2）：183 – 217.

［150］GOLLIER C. Portfolio choices and asset prices：the comparative statics of ambiguity aversion［J］. The review of economic studies，2011，78（4）：1329 – 1344.

［151］应理建，汪丁丁. 不确定情境下的决策行为分析：一个文献综述［J］. 南方经济，2017，36（12）：27 – 46.

［152］李心丹. 行为金融理论：研究体系及展望［J］. 金融研究，2005（1）：175 – 190.

［153］陈彦斌，周业安. 行为资产定价理论综述［J］. 经济研究，2004（6）：117 – 127.

［154］何俊勇，张顺明. 光滑暧昧模型下的不透明交易和管制措施研究［J］. 管理科学学报，2017，20（2）：76 – 93.

［155］BRANDT M W，KANG Q. On the relationship between the conditional mean and volatility of stock returns：a latent VAR approach［J］. Journal of financial economics，2004，72（2）：217 – 257.

［156］CAO H H，WANG T，ZHANG H H. Model uncertainty，limited market participation，and asset prices［J］. The review of financial studies，2005，18（4）：1219 – 1251.

［157］GHIRARDATO P，KLIBANOFF P，MARINACCI M. Additivity with multiple priors［J］. Journal of mathematical economics，1998，30（4）：405 – 420.

［158］BASU S. Investment performance of common stocks in relation to their price-earnings ratios：a test of the efficient market hypothesis［J］. The journal of finance，1977，32（3）：663 – 682.

［159］BANZ R W. The relationship between return and market value of common stocks［J］. Journal of financial economics，1981，9（1）：3 – 18.

［160］BHANDARI L C. Debt/equity ratio and expected common stock returns：empirical evidence［J］. The journal of finance，1988，43（2）：507 – 528.

［161］STATTMAN D. Book values and stock returns［J］. The Chicago MBA，1980，4（1）：25 – 45.

［162］ROSENBERG B，REID K，LANSTEIN R. Persuasive evidence of market inefficiency［J］. The journal of portfolio management，1985，11（3）：9 – 16.

［163］DE BONDT W F M，THALER R. Does the stock market overreact？［J］. The journal of finance，1985，40（3）：793 – 805.

［164］JEGADEESH N，TITMAN S. Returns to buying winners and selling losers：implications for stock market efficiency［J］. The journal of finance，1993，48（1）：65 – 91.

［165］HARVEY C R，LIU Y，ZHU H Q. And the cross-section of expected returns［J］. The review of financial studies，2016，29（1）：5 – 68.

［166］BALI T G，ENGLE R F，MURRAY S. Empirical asset pricing：the cross section of stock returns［M］. New Jersey：John Wiley & Sons，2016.

［167］ROUTLEDGE B R，ZIN S E. Model uncertainty and liquidity［J］. Review of economic dynamics，2009，12（4）：543 – 566.

［168］高金窑. 奈特不确定性与非流动资产定价：理论与实证［J］. 经济研究，2013（10）：82 – 97.

［169］张慧，聂秀山. Knight 不确定环境下欧式股票期权的最小定价模型［J］. 山东大学学报（理学版），2007，42（11）：121 – 126.

［170］韩立岩，泮敏. 基于奈特不确定性随机波动率期权定价［J］. 系统工程理论与实践，2012，32（6）：1175 – 1183.

［171］黄虹，王向荣，张勇. Knight 不确定环境下 Lévy 市场中的期权定价［J］. 数学的实践与认识，2016，46（20）：87 – 92.

［172］李霞霏. 实证资产定价模型检验及模糊性溢酬研究［D］. 厦门：厦门大学,2014.

［173］MERTON R C. On estimating the expected return on the market：an exploratory investigation［J］. Journal of financial economics,1980,8(4):323 - 361.

［174］FRAZZINI A,PEDERSEN L H. Betting against beta［J］. Journal of financial economics,2014,111(1):1 - 25.

［175］FAMA E F,FRENCH K R. International tests of a five-factor asset pricing model［J］. Journal of financial economics,2017,123(3):441 - 463.

［176］BARILLAS F,SHANKEN J. Which alpha? ［J］. The review of financial studies,2017,30(4):1316 - 1338.

［177］GIBBONS M R,ROSS S A,SHANKEN J. A test of the efficiency of a given portfolio［J］. Econometrica,1989,57(5):1121 - 1152.

［178］HASBROUCK J. Trades,quotes,inventories,and information［J］. Journal of financial economics,1988,22(2):229 - 252.

［179］FOSTER F D,VISWANATHAN S. Variations in trading volume,return volatility,and trading costs：evidence on recent price formation models［J］. The journal of finance,1993,48(1):187 - 211.

［180］BRENNAN M J,SUBRAHMANYAM A. Market microstructure and asset pricing：on the compensation for illiquidity in stock returns［J］. Journal of financial economics,1996,41(3):441 - 464.

［181］KYLE A S. Continuous auctions and insider trading［J］. Econometrica,1985,53(6):1315 - 1335.

［182］AMIHUD Y,MENDELSON H. Asset pricing and the bid-ask spread［J］. Journal of financial economics,1986,17(2):223 - 249.

［183］ELESWARAPU V R. Cost of transacting and expected returns in the nasdaq market［J］. The journal of finance,1997,52(5):2113 - 2127.

［184］CHALMERS J M R,KADLEC G B. An empirical examination of the amortized spread［J］. Journal of financial economics,1998,48(2):159 - 188.

［185］KENDALL M G. A note on bias in the estimation of an autocorrelation［J］. Biometrika,1954,41(3 - 4):403 - 404.

[186]O'HARA M,EASLEY D,HVIDKJAER S. Is information risk a determinant of asset returns? [J]The journal of finance,2002,57(5):2185 – 2221.

[187]BOTOSAN C A. Disclosure level and the cost of equity capital[J]. The accounting review,1997,72(3):323 – 349.

[188]BHATTACHARYA U,DAOUK H. The world price of insider trading [J]. The journal of finance,2002,57(1):75 – 108.

[189]CHRISTIE W G,HUANG R D. Market structures and liquidity:a transactions data study of exchange listings[J]. Journal of financial intermediation,1994, 3(3):300 – 326.

[190]MACEY J,O'HARA M,POMPILIO D. Down and out in the stock market:the law and economics of the delisting process[J]. Journal of law and economics,2008,51(4):683 – 713.

[191]BEKAERT G,HARVEY C R,LUNDBLAD C. Emerging equity markets and economic development[J]. Journal of development economics,2001,66(2): 465 – 504.

[192]HONG Y M. Testing for independence between two covariance stationary time series[J]. Biometrika,1996,83(3):615 – 625.

[193]HONG Y M. A test for volatility spillover with application to exchange rates[J]. Journal of econometrics,2001,103(1):183 – 224.

[194]HONG Y M,LIU Y H,WANG S Y. Granger causality in risk and detection of extreme risk spillover between financial markets[J]. Journal of econometrics, 2009,150(2):271 – 287.

[195]DIEBOLD F X,YILMAZ K. Measuring financial asset return and volatility spillovers,with application to global equity markets[J]. The economic journal, 2009,119(534):158 – 171.

[196]O'HARA M. High-frequency trading and its impact on markets[J]. Financial analysts journal,2014,70(3):18 – 27.

[197]O'HARA M. High frequency market microstructure[J]. Journal of financial economics,2015,116(2):257 – 270.

后　记

　　本书的出版得到了2022年南昌师范学院学术著作出版基金、南昌师范学院博士启动基金（NSBSJJ2020015）、江西省自然科学基金面上项目（20224BAB201015）和江西省教育厅科技项目（GJJ2202014，GJJ212609）的资助。

　　特别感谢湖南师范大学商学院副院长、博士生导师李红权教授以及江西师范大学数学与统计学院的博士生导师覃锋教授等在专业方面的精心指导和培养。他们严谨的科学精神和高尚的师德风范是我们学习和工作中的宝贵财富。在书稿的准备过程中，南昌师范学院数学与信息科学学院的徐新爱教授、徐向阳教授，科研处的郑萍教授等领导和同事给予了大力帮助和支持，在此一并表示感谢。感谢江西高校出版社的编辑为本书的出版所做的辛勤工作。因笔者学识水平有限，书中难免存在不足，恳请各位专家和读者批评、指正。

笔者

2022 年 3 月